biblio

Ubu Roi
ou les Polonais

Alfred Jarry

Notes, questionnaires et synthèses
par **Bertrand LOUËT**,
certifié de Lettres modernes, professeur en lycée,
et **Patrick QUÉRILLACQ**,
certifié de Lettres modernes, agrégé d'Arts plastiques

Texte conforme à l'édition originale de 1896 (Mercure de France).

Crédits photographiques
p. 4 : photo Roger-Viollet / DR. **pp. 5, 25 :** photo Photothèque Hachette. **pp. 8, 9, 12 :** photos Photothèque Hachette. **pp. 13, 26, 28, 37, 49, 63, 65, 77, 93, 104, 106 :** *Le Ventre législatif*, caricature d'Honoré Daumier, photo Photothèque Hachette. **p. 35 :** photo Prod. DB © Pathé − Sirius / DB, T.C.D. / DR. **p. 39 :** photo Agence Bernand / DR. **p. 48 :** photo Pascal Gely / Agence Bernand / DR. **p. 72 :** photo Photothèque Hachette. **p. 103 :** photo Photothèque Hachette. **p. 113 :** photo Musée national d'art moderne, Centre G. Pompidou, © ADAGP, Paris 2007. **p. 119 :** entrée du Théâtre de l'Œuvre en 1894, dessin de Sévérini, photo Photothèque Hachette. **pp. 126, 133, 154 :** photos Photothèque Hachette. **p. 160 :** photo Agence Bernand / DR.

Conception graphique
Couverture : *Audrey Izern*
Intérieur : *ELSE*

Mise en page
MCP

ISBN 978-2-01-169450-8
© Hachette Livre, 2007, 43 quai de Grenelle, 75905 Paris Cedex 15.
Tous droits de traduction, de reproduction et d'adaptation réservés pour tous pays.

Les droits de reproduction des illustrations sont réservés en notre comptabilité pour les auteurs ou ayants droit dont nous n'avons pas trouvé les coordonnées malgré nos recherches et dans les cas éventuels où les mentions n'auraient pas été spécifiées.

Sommaire

Présentation 5

Ubu Roi (texte intégral)

Acte I 13

Questionnaires, groupement de textes et lecture d'image
Un affreux personnage 26
Caractères et mauvais caractère 28
Document : Michel Simon dans *Boudu sauvé des eaux* de Jean Renoir (1932) 35

Acte II 37
Acte III 49

Questionnaires, groupement de textes et lecture d'image
« *La séance est ouverte* » 63
Pouvoir et politique au théâtre : de la satire à la critique 65
Document : Honoré Daumier, « Dernier Conseil des ex-ministres » 72

Acte IV 77
Acte V 93

Questionnaires, groupement de textes et lecture d'image
« *Dieux ! quels renfoncements !* » 104
Le langage, matériau de l'écrivain 106
Document : Francis Picabia, *L'Œil cacodylate* (1921) 113

Ubu Roi : bilan de première lecture 120

Dossier Bibliolycée

Alfred Jarry : un écrivain connu et méconnu (biographie) 122
Une république instable (contexte) 127
Jarry en son temps (chronologie) 134
Structure d'*Ubu Roi* 136
Histoire et postérité d'Ubu 139
L'invention d'un nouveau genre au théâtre ? 143
Le théâtre fin de siècle 151
Mises en scène 158

Annexes

Lexique d'analyse littéraire 164
Bibliographie, sites Internet 166

Dossier pédagogique : www.hachette-education.com

Alfred Jarry (1873-1907) quittant sa maison de Corbeil (Essonne) pour se rendre à Paris en bicyclette, en 1898.

Présentation

Et si le théâtre était une farce pour rire ? Pièce publiée et jouée en 1896, *Ubu Roi* crée l'événement et le scandale, et du premier mot « *Merdre* » à la formule finale « *S'il n'y avait pas de Pologne, il n'y aurait pas de Polonais !* », son auteur, Alfred Jarry, n'a de cesse de multiplier les surprises, les provocations et les inventions les plus farfelues.

Au premier abord, on pourrait considérer cette pièce comme une simple réécriture moderne du *Macbeth* de William Shakespeare : Ubu, poussé par sa femme la Mère Ubu, tue le roi de Pologne et toute sa famille. Installé sur le trône, il fait massacrer, entre deux siestes et deux gueuletons, tous les partisans de l'ancien régime (et au passage une bonne partie de ses sujets). Après avoir ruiné le pays, le Père Ubu, attaqué par le fils de l'ancien roi – opportunément réchappé du complot ourdi contre sa royale famille – et le tsar de Russie, est détrôné à son tour et doit prendre la fuite...

Mais ce serait oublier que ce sujet tragique, traité en forme de drame* romantique, est habité

Affiche d'*Ubu Roi* en 1896 (détail).

* *Cf.* Lexique.

Présentation

par une dérision dévastatrice, burlesque*, redoublée par un langage à la grossièreté pittoresque, que caractérisent l'invention verbale et le goût des archaïsmes et des néologismes*. Ubu surprend par la gamme des sentiments qu'il suscite, de la terreur à l'amusement, en passant par l'indignation : tout se passe comme si Shakespeare, Hugo et Rabelais avaient conçu ensemble, et avec la complicité de Guignol, un inquiétant dictateur, veule, répugnant, monstrueux et comique*.

La paternité de l'œuvre est d'ailleurs équivoque : d'abord intitulée *Les Polonais*, la pièce est écrite par des camarades lycéens de Jarry qui s'en empare ensuite. Il revient cependant en propre à ce dernier d'avoir perçu, dans cette plaisanterie de potaches contre un professeur ridicule, la valeur d'une véritable pièce. À la fois tragédie shakespearienne, drame* romantique, farce bouffonne, satire* grinçante, l'œuvre dynamite les codes théâtraux et bafoue avec jubilation et presque agressivité la bienséance et la vraisemblance qui s'imposaient encore au théâtre. En s'appropriant la pièce de ses condisciples, Jarry trouve le nom du personnage, lui donne son titre et un auteur. Surtout, il l'emporte à Paris et parvient à la faire jouer au théâtre de l'Œuvre, événement qui devient le point de départ du théâtre moderne.

Il est donc urgent de relire *Ubu Roi*, au moins pour trois raisons. Pour rire et pour le plaisir, d'abord. Pour le Père Ubu ensuite, devenu l'un de ces incroyables caractères littéraires qui, comme Faust, Don Quichotte, Harpagon, Tartuffe, Don Juan, Robinson Crusoé, le Père Goriot, Bel-Ami ou Mme Bovary, finissent par être plus vrais que nature. Enfin, pour retrouver et comprendre l'origine du « théâtre de l'absurde* », du « nouveau théâtre » et de tout le théâtre d'avant-garde du XXe siècle.

* *Cf.* Lexique.

Ubu Roi

ou

les Polonais

Drame en cinq actes
en prose
restitué en son intégrité
tel qu'il a été représenté par
les marionnettes du Théâtre
des Phynances en 1888.*

Alfred Jarry

* *Cf.* Lexique.

Véritable portrait de Monsieur Ubu.

Ce Livre est
dédié
à
MARCEL SCHWOB[1]

Adonc le Père Ubu hoscha la poire, dont fut depuis nommé par les Anglois Shakespeare et avez de lui sous ce nom maintes belles tragœdies par escript.[2]

Autre portrait de Monsieur Ubu.

notes

1. Marcel Schwob (1867-1905), auteur français de contes, que Jarry rencontra en 1893 et qui fut son ami.
2. Jarry pastiche ici Rabelais, en utilisant une orthographe archaïsante et en inventant une fausse étymologie (Shakespeare : *shake*, « remuer » ou « hocher », et *the pear*, « la poire » ; de même Rabelais imagina-t-il que le nom de Gargantua venait de « quel grant tu as »). On notera aussi que Jarry se place sous la tutelle de Shakespeare, auteur de *Macbeth* (1605), dont *Ubu Roi* s'inspire.

Personnages[1]

Père Ubu
Mère Ubu
Capitaine Bordure[2]
Le Roi Venceslas[3]
La Reine Rosemonde[4]
Boleslas ⎫
Ladislas ⎬ leurs fils
Bougrelas[5] ⎭
Le général Lascy[6]
Stanislas Leczinski[7]
Jean Sobieski[8]
Nicolas Rensky
L'Empereur Alexis[9]

notes

1. Dans certaines éditions, on trouve dans la distribution « *Les Ombres des Ancêtres* » ; elles ne figurent pas dans l'édition originale du Mercure de France.
2. **Bordure, Giron, Pile, Cotice** : noms que Jarry emprunte au vocabulaire héraldique (blasons, armoiries). La bordure est la bande qui entoure l'écu, le giron un triangle à pointe longue, la pile une bande qui rétrécit à mesure qu'elle descend, et la cotice une bande étroite parallèle à d'autres bandes.
3. **Venceslas** : ou Wenceslas ; nom porté, au Moyen Âge, par plusieurs rois de Bohême, dont un saint (duc et patron de Bohême).
4. Il n'existe pas de Rosemonde polonaise. Les Rosemonde des Cours européennes (Lombardie ou Angleterre) ont eu des vies tragiques.
5. Boleslas et Ladislas sont des noms portés par des ducs et des rois de Pologne et de Hongrie. Bougrelas, en revanche, est une invention, bâtie sur le mot *bougre* que Jarry fait rimer en ajoutant le suffixe *-las*. Un bougre est un type mais le mot peut également désigner un homosexuel.
6. Le général Lascy a bien existé. Il était russe mais au service des Polonais.
7. Stanislas Ier Leczinsky (1677-1766), roi de Pologne dont la fille épousera Louis XV et qui, après avoir abdiqué, deviendra duc de Lorraine et de Bar.
8. Jean III Sobieski (1624-1696), roi de Pologne réputé pour sa grosseur ; la légende dit qu'il s'évanouira sur son cheval pendant une bataille contre les Turcs et qu'on eut beaucoup de peine à le maintenir sur sa monture (cela fait peut-être écho à une mésaventure du gros Ubu sur son cheval à l'acte V).
9. **Empereur Alexis** : fils de Michel Fedorovitch et père de Pierre le Grand, de la dynastie des Romanov, Alexis Ier Mikhaïlovitch gouvernera la Russie de 1645 à 1676.

personnages

Giron
Pile } Palotins[1]
Cotice
Conjurés[2] et Soldats
Peuple
Michel Fédérovitch[3]
Nobles
Magistrats
Conseillers
Financiers
Larbins de Phynances[4]
Paysans
Toute l'Armée russe
Toute l'Armée polonaise
Les Gardes de la Mère Ubu
Un Capitaine
L'Ours
Le Cheval à Phynances
La Machine à décerveler[5]
L'Équipage
Le Commandant

notes

1. Les palatins étaient le nom donné aux gouverneurs des provinces polonaises. Jarry déforme le mot en « palotins » (*pal*, « le supplice », et *-otin*, suffixe à valeur diminutive), qui désignent ici les trois personnages qui resteront fidèles à Ubu.
2. Conjurés : personnes prenant part à une conjuration, autrement dit à une conspiration.
3. Michel Fedorovitch (1596-1645), sous le nom de Michel III, est en 1613 le premier tsar de la dynastie des Romanov qui régna sur la Russie pendant près de trois siècles.
4. L'orthographe du mot *phynance* rapproche le mot *finance* du mot *physique*, autrement dit du corps et des fonctions corporelles (la pièce développera un parallèle scatologique entre argent et excréments). Par ailleurs, n'oublions pas que la pièce *Ubu Roi* est censée avoir été jouée pour la première fois en 1888 par les marionnettes du théâtre des Phynances.
5. La Machine à décerveler non seulement n'est pas un personnage mais n'intervient à aucun moment dans la pièce. Il existe cependant une chanson à boire que Jarry s'appropriera et dont le refrain est : « *Voyez, voyez la machin' tourner, / Voyez, voyez la cervell' sauter, / Voyez, voyez les Rentiers trembler ; / Hourra, cornes-au-cul, vive le Père Ubu !* »

**Yan Brailowsky (Père Ubu) et Emmanuelle Quiniou (Mère Ubu),
dans la mise en scène de Norma Bracho
pour la Compagnie des têtes de bois (1995).**

Acte premier

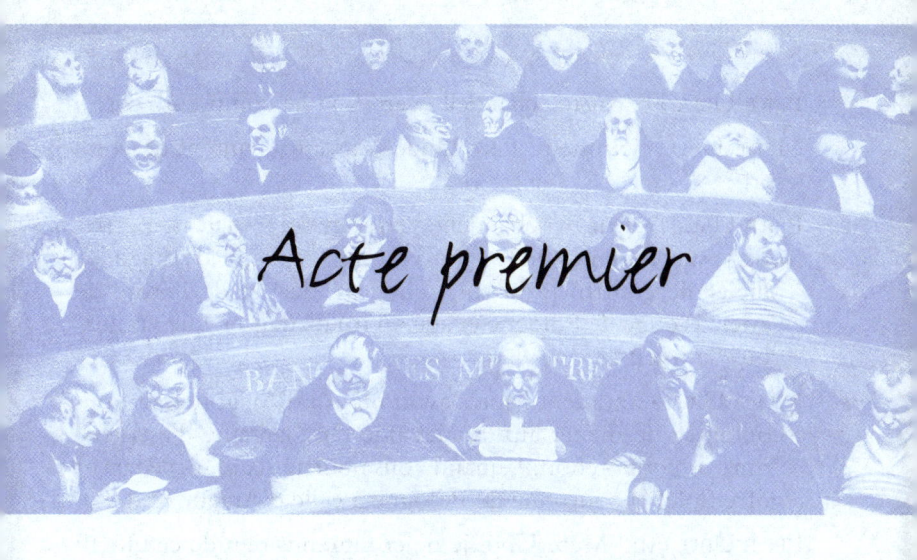

« *L'action, qui va commencer, se passe en Pologne, c'est-à-dire nulle part.* »[1]

Scène première   PÈRE UBU, MÈRE UBU

PÈRE UBU. Merdre[2].

MÈRE UBU. Oh ! voilà du joli, Père Ubu, vous estes[3] un fort grand voyou.

PÈRE UBU. Que ne vous assom'je, Mère Ubu !

MÈRE UBU. Ce n'est pas moi, Père Ubu, c'est un autre qu'il faudrait assassiner.

---

notes

1. Cette didascalie n'apparaît habituellement pas dans le texte d'*Ubu Roi*. Elle concluait le discours que Jarry prononça à l'occasion de la première représentation, le 10 décembre 1896, juste avant que la pièce ne commence. On notera que « *nulle part* » est le sens du mot latin *utopia*, qui a donné *utopie*.

2. Merdre : c'est *le* mot du Père Ubu. Il est aussi bien un juron, comme ici, qu'un aliment (scènes 3 et 4 de l'acte I).

3. vous estes : vous êtes. Le texte est jalonné d'archaïsmes de ce type.

Ubu Roi

PÈRE UBU. De par ma chandelle verte[1], je ne comprends pas.

MÈRE UBU. Comment, Père Ubu, vous estes content de votre sort ?

PÈRE UBU. De par ma chandelle verte, merdre, madame, certes oui, je suis content. On le serait à moins : capitaine de dragons[2], officier de confiance du roi Venceslas, décoré de l'ordre de l'Aigle Rouge de Pologne et ancien roi d'Aragon, que voulez-vous de mieux ?

MÈRE UBU. Comment ! après avoir été roi d'Aragon vous vous contentez de mener aux revues une cinquantaine d'estafiers[3] armés de coupe-choux[4], quand vous pourriez faire succéder sur votre fiole[5] la couronne de Pologne à celle d'Aragon ?

PÈRE UBU. Ah ! Mère Ubu, je ne comprends rien de ce que tu dis.

MÈRE UBU. Tu es si bête !

PÈRE UBU. De par ma chandelle verte, le roi Venceslas est encore bien vivant ; et même en admettant qu'il meure, n'a-t-il pas des légions d'enfants ?

MÈRE UBU. Qui t'empêche de massacrer toute la famille et de te mettre à leur place ?

PÈRE UBU. Ah ! Mère Ubu, vous me faites injure et vous allez passer tout à l'heure par la casserole.

MÈRE UBU. Eh ! pauvre malheureux, si je passais par la casserole, qui te raccommoderait tes fonds de culotte ?

PÈRE UBU. Eh vraiment ! et puis après ? N'ai-je pas un cul comme les autres ?

---

notes

1. chandelle verte : morve (sens familier).
2. dragons : soldats de cavalerie.
3. estafiers : laquais armés chargés de porter le manteau et les armes de leur maître.
4. coupe-choux : sabres courts.
5. fiole : tête (sens familier).

Acte 1, scène 1

MÈRE UBU. À ta place, ce cul, je voudrais l'installer sur un trône. Tu pourrais augmenter indéfiniment tes richesses, manger fort souvent de l'andouille et rouler carrosse par les rues.

PÈRE UBU. Si j'étais roi, je me ferais construire une grande capeline comme celle que j'avais en Aragon et que ces gredins d'Espagnols m'ont impudemment volée.

MÈRE UBU. Tu pourrais aussi te procurer un parapluie et un grand caban[1] qui te tomberait sur les talons.

PÈRE UBU. Ah ! je cède à la tentation. Bougre de merdre, merdre de bougre, si jamais je le rencontre au coin d'un bois, il passera un mauvais quart d'heure.

MÈRE UBU. Ah ! bien, Père Ubu, te voilà devenu un véritable homme.

PÈRE UBU. Oh non ! moi, capitaine de dragons, massacrer le roi de Pologne ! plutôt mourir !

MÈRE UBU, *à part.* Oh ! merdre ! *(Haut :)* Ainsi tu vas rester gueux comme un rat, Père Ubu.

PÈRE UBU. Ventrebleu[2], de par ma chandelle verte, j'aime mieux être gueux comme un maigre et brave rat que riche comme un méchant et gras chat.

MÈRE UBU. Et la capeline ? et le parapluie ? et le grand caban ?

PÈRE UBU. Eh bien, après, Mère Ubu ? *(Il s'en va en claquant la porte.)*

---

notes

1. La grande capeline, le parapluie et le grand caban sont des marques de seigneurie inventées par Jarry. La capeline est un chapeau de femme ou un casque de fer (mais plus sûrement ici un manteau ; *cf.* acte III, scène 1) et le caban une veste de marin.

2. Ventrebleu : juron ancien de la famille des *parbleu* et des *palsamblu*, déjà désuet au XIXe siècle. *Bleu* étant un euphémisme pour *Dieu*, *ventrebleu* signifie « par le ventre de Dieu ».

MÈRE UBU, *seule*. Vrout, merdre, il a été dur à la détente, mais vrout, merdre, je crois pourtant l'avoir ébranlé. Grâce à Dieu et à moi-même, peut-être dans huit jours serai-je reine de Pologne.

Scène 2   PÈRE UBU, MÈRE UBU

La scène représente une chambre[1] de la maison du Père Ubu où une table splendide est dressée.

MÈRE UBU. Eh ! nos invités sont bien en retard.

PÈRE UBU. Oui, de par ma chandelle verte. Je crève de faim. Mère Ubu, tu es bien laide aujourd'hui. Est-ce parce que nous avons du monde ?

MÈRE UBU, *haussant les épaules*. Merdre.

PÈRE UBU, *saisissant un poulet rôti*. Tiens, j'ai faim. Je vais mordre dans cet oiseau. C'est un poulet, je crois. Il n'est pas mauvais.

MÈRE UBU. Que fais-tu, malheureux ? Que mangeront nos invités ?

PÈRE UBU. Ils en auront encore bien assez. Je ne toucherai plus à rien. Mère Ubu, va donc voir à la fenêtre si nos invités arrivent.

MÈRE UBU, *y allant*. Je ne vois rien. *(Pendant ce temps, le Père Ubu dérobe une rouelle[2] de veau.)*

MÈRE UBU. Ah ! voilà le capitaine Bordure et ses partisans qui arrivent. Que manges-tu donc, Père Ubu ?

PÈRE UBU. Rien, un peu de veau.

MÈRE UBU. Ah ! le veau ! le veau ! veau ! Il a mangé le veau ! Au secours !

---

notes

1. ***chambre*** : pièce (sens ancien).
2. ***rouelle*** : partie de la cuisse de veau découpée en tranches.

Acte 1, scène 3

80   PÈRE UBU. De par ma chandelle verte, je te vais arracher les yeux.

La porte s'ouvre.

Scène 3

PÈRE UBU, MÈRE UBU,
CAPITAINE BORDURE *et ses partisans.*

MÈRE UBU. Bonjour, messieurs, nous vous attendons avec impatience. Asseyez-vous.

CAPITAINE BORDURE. Bonjour, madame. Mais où est donc le Père Ubu ?

PÈRE UBU. Me voilà ! me voilà ! Sapristi, de par ma chandelle verte, je suis pourtant assez gros.

CAPITAINE BORDURE. Bonjour, Père Ubu. Asseyez-vous, mes hommes. *(Ils s'asseyent tous.)*

90   PÈRE UBU. Ouf, un peu plus, j'enfonçais ma chaise.

CAPITAINE BORDURE. Eh ! Mère Ubu ! que nous donnez-vous de bon aujourd'hui ?

MÈRE UBU. Voici le menu.

PÈRE UBU. Oh ! ceci m'intéresse.

95   MÈRE UBU. Soupe polonaise, côtes de rastron[1], veau, poulet, pâté de chien, croupions de dinde, charlotte russe...

PÈRE UBU. Eh ! en voilà assez, je suppose. Y en a-t-il encore ?

MÈRE UBU, *continuant.* Bombe, salade, fruits, dessert, bouilli, topinambours[2], choux-fleurs à la merdre.

notes

1. rastron : néologisme qu'affectionne Jarry, au point de nommer ainsi l'un des personnages de son roman *L'Amour absolu* (1899).

2. topinambours : tubercules comestibles utilisés pour nourrir le bétail (et les hommes en périodes de crise).

Ubu Roi

PÈRE UBU. Eh ! me crois-tu empereur d'Orient pour faire de telles dépenses ?

MÈRE UBU. Ne l'écoutez pas, il est imbécile.

PÈRE UBU. Ah ! je vais aiguiser mes dents contre vos mollets.

MÈRE UBU. Dîne plutôt, Père Ubu. Voilà de la polonaise.

PÈRE UBU. Bougre, que c'est mauvais.

CAPITAINE BORDURE. Ce n'est pas bon, en effet.

MÈRE UBU. Tas d'Arabes, que vous faut-il ?

PÈRE UBU, *se frappant le front*. Oh ! j'ai une idée. Je vais revenir tout à l'heure. *(Il s'en va.)*

MÈRE UBU. Messieurs, nous allons goûter du veau.

CAPITAINE BORDURE. Il est très bon, j'ai fini.

MÈRE UBU. Aux croupions, maintenant.

CAPITAINE BORDURE. Exquis, exquis ! Vive la Mère Ubu.

TOUS. Vive la Mère Ubu.

PÈRE UBU, *rentrant*. Et vous allez bientôt crier vive le Père Ubu. *(Il tient un balai innommable[1] à la main et le lance sur le festin.)*

MÈRE UBU. Misérable, que fais-tu ?

PÈRE UBU. Goûtez un peu. *(Plusieurs goûtent et tombent empoisonnés.)*

PÈRE UBU. Mère Ubu, passe-moi les côtelettes de rastron, que je serve.

MÈRE UBU. Les voici.

PÈRE UBU. À la porte tout le monde ! Capitaine Bordure, j'ai à vous parler.

---
note

1. ***balai innommable*** : balai des toilettes.

Acte 1, scène 4

125   Les Autres. Eh ! nous n'avons pas dîné.

Père Ubu. Comment, vous n'avez pas dîné ! À la porte tout le monde ! Restez, Bordure. *(Personne ne bouge.)*

Père Ubu. Vous n'êtes pas partis ? De par ma chandelle verte, je vais vous assommer de côtes de rastron. *(Il commence à en jeter.)*

130   Tous. Oh ! Aïe ! Au secours ! Défendons-nous ! malheur ! je suis mort !

Père Ubu. Merdre, merdre, merdre. À la porte ! je fais mon effet.

Tous. Sauve qui peut ! Misérable Père Ubu ! traître et gueux voyou !

135   Père Ubu. Ah ! les voilà partis. Je respire, mais j'ai fort mal dîné. Venez, Bordure. *(Ils sortent avec la Mère Ubu.)*

Scène 4

Père Ubu, Mère Ubu, Capitaine Bordure

Père Ubu. Eh bien, capitaine, avez-vous bien dîné ?

Capitaine Bordure. Fort bien, monsieur, sauf la merdre.

Père Ubu. Eh ! la merdre n'était pas mauvaise.

140   Mère Ubu. Chacun son goût.

Père Ubu. Capitaine Bordure, je suis décidé à vous faire duc de Lithuanie[1].

Capitaine Bordure. Comment, je vous croyais fort gueux, Père Ubu.

---

note

1. Lithuanie : pays balte situé au Nord de la Pologne (aujourd'hui orthographié *Lituanie*).

Ubu Roi

PÈRE UBU. Dans quelques jours, si vous voulez, je règne en Pologne.

CAPITAINE BORDURE. Vous allez tuer Venceslas ?

PÈRE UBU. Il n'est pas bête, le bougre, il a deviné.

CAPITAINE BORDURE. S'il s'agit de tuer Venceslas, j'en suis. Je suis son mortel ennemi et je réponds de mes hommes.

PÈRE UBU, *se jetant sur lui pour l'embrasser.* Oh ! Oh ! je vous aime beaucoup, Bordure.

CAPITAINE BORDURE. Eh ! vous empestez, Père Ubu. Vous ne vous lavez donc jamais ?

PÈRE UBU. Rarement.

MÈRE UBU. Jamais !

PÈRE UBU. Je vais te marcher sur les pieds.

MÈRE UBU. Grosse merdre !

PÈRE UBU. Allez, Bordure, j'en ai fini avec vous. Mais, par ma chandelle verte, je jure sur la Mère Ubu de vous faire duc de Lithuanie.

MÈRE UBU. Mais...

PÈRE UBU. Tais-toi, ma douce enfant.

Ils sortent.

Scène 5   PÈRE UBU, MÈRE UBU, UN MESSAGER

PÈRE UBU. Monsieur, que voulez-vous ? fichez le camp, vous me fatiguez.

LE MESSAGER. Monsieur, vous êtes appelé de par le roi.

Il sort.

Acte 1, scène 6

PÈRE UBU. Oh ! merdre, jarnicotonbleu[1], de par ma chandelle verte, je suis découvert, je vais être décapité ! hélas ! hélas !!

MÈRE UBU. Quel homme mou ! et le temps presse.

PÈRE UBU. Oh ! j'ai une idée : je dirai que c'est la Mère Ubu et Bordure.

MÈRE UBU. Ah ! gros P. U., si tu fais ça...

PÈRE UBU. Eh ! j'y vais de ce pas.

Il sort.

MÈRE UBU, *courant après lui.* Oh ! Père Ubu, Père Ubu, je te donnerai de l'andouille.

Elle sort.

PÈRE UBU, *dans la coulisse.* Oh ! merdre ! tu en es une fière, d'andouille.

Scène 6

LE ROI VENCESLAS, *entouré de ses officiers ;* BORDURE ; *les fils du Roi,* BOLESLAS, LADISLAS *et* BOUGRELAS. *Puis* UBU.

Le palais du roi.

PÈRE UBU, *entrant.* Oh ! vous savez, ce n'est pas moi, c'est la Mère Ubu et Bordure.

LE ROI. Qu'as-tu, Père Ubu ?

BORDURE. Il a trop bu.

LE ROI. Comme moi ce matin.

---

note

1. jarnicotonbleu : *jarnicoton* vient de « Je renie Coton » (le jésuite Pierre Coton était le confesseur d'Henri IV) ; c'est un juron déjà vieilli à la fin du XIXe siècle, auquel Jarry ajoute *bleu*, euphémisme pour *Dieu*.

Père Ubu. Oui, je suis saoul, c'est parce que j'ai bu trop de vin de France.

Le Roi. Père Ubu, je tiens à récompenser tes nombreux services comme capitaine de dragons, et je te fais aujourd'hui comte de Sandomir[1].

Père Ubu. Ô monsieur Venceslas, je ne sais comment vous remercier.

Le Roi. Ne me remercie pas, Père Ubu, et trouve-toi demain matin à la grande revue.

Père Ubu. J'y serai, mais acceptez, de grâce, ce petit mirliton[2].

Il présente au roi un mirliton.

Le Roi. Que veux-tu à mon âge que je fasse d'un mirliton ? Je le donnerai à Bougrelas.

Le jeune Bougrelas. Est-il bête, ce Père Ubu.

Père Ubu. Et maintenant, je vais foutre le camp. *(Il tombe en se retournant.)* Oh ! aïe ! au secours ! De par ma chandelle verte, je me suis rompu l'intestin et crevé la bouzine[3] !

Le Roi, *le relevant.* Père Ubu, vous estes-vous fait mal ?

Père Ubu. Oui certes, et je vais sûrement crever. Que deviendra la Mère Ubu ?

Le Roi. Nous pourvoirons à son entretien.

Père Ubu. Vous avez bien de la bonté de reste. *(Il sort.)* Oui, mais, roi Venceslas, tu n'en seras pas moins massacré.

---

notes

1. Sandomir : Sandomierz, ville de Pologne, sur la Vistule.
2. mirliton : sorte de petite flûte.
3. bouzine : comme les mots « *gidouille* » et « *boudouille* » que l'on trouvera par ailleurs, le mot « *bouzine* » désigne le ventre d'Ubu. On trouve le mot chez Rabelais avec le sens de « cornemuse ».

Acte 1, scène 7

Scène 7

GIRON, PILE, COTICE, PÈRE UBU,
MÈRE UBU, *Conjurés et Soldats*,
CAPITAINE BORDURE.

La maison d'Ubu.

PÈRE UBU. Eh ! mes bons amis, il est grand temps d'arrêter le plan de la conspiration. Que chacun donne son avis. Je vais d'abord donner le mien, si vous le permettez.

CAPITAINE BORDURE. Parlez, Père Ubu.

PÈRE UBU. Eh bien, mes amis, je suis d'avis d'empoisonner simplement le roi en lui fourrant de l'arsenic dans son déjeuner. Quand il voudra le brouter il tombera mort, et ainsi je serai roi.[1]

TOUS. Fi[2], le sagouin[3] !

PÈRE UBU. Eh quoi, cela ne vous plaît pas ? Alors, que Bordure donne son avis.

CAPITAINE BORDURE. Moi, je suis d'avis de lui ficher un grand coup d'épée qui le fendra de la tête à la ceinture.

TOUS. Oui ! voilà qui est noble et vaillant.

PÈRE UBU. Et s'il vous donne des coups de pied ? Je me rappelle maintenant qu'il a pour les revues des souliers de fer qui font très mal. Si je savais, je filerais vous dénoncer pour me tirer de cette sale affaire, et je pense qu'il me donnerait aussi de la monnaie.

---

notes

1. Les empoisonnements de rois sont légion dans l'histoire et au théâtre. Dans *Hamlet* (1601) de William Shakespeare, Claudius devient roi du Danemark en versant du poison dans l'oreille de son frère pendant son sommeil.

2. Fi : interjection exprimant le dégoût.
3. sagouin : à l'origine, sorte de singe, puis, de fil en aiguille, homme sale ; par influence du mot *salaud*, est devenu un terme proprement injurieux.

MÈRE UBU. Oh ! le traître, le lâche, le vilain et plat ladre[1].

TOUS. Conspuez le Père Ubu !

PÈRE UBU. Hé ! messieurs, tenez-vous tranquilles si vous ne voulez visiter mes poches[2]. Enfin je consens à m'exposer pour vous. De la sorte, Bordure, tu te charges de pourfendre le roi.

CAPITAINE BORDURE. Ne vaudrait-il pas mieux nous jeter tous à la fois sur lui en braillant et gueulant ? Nous aurions chance ainsi d'entraîner les troupes.

PÈRE UBU. Alors, voilà. Je tâcherai de lui marcher sur les pieds, il regimbera[3], alors je lui dirai : MERDRE, et à ce signal vous vous jetterez sur lui.

MÈRE UBU. Oui, et dès qu'il sera mort tu prendras son sceptre et sa couronne.

CAPITAINE BORDURE. Et je courrai avec mes hommes à la poursuite de la famille royale.

PÈRE UBU. Oui, et je te recommande spécialement le jeune Bougrelas.

Ils sortent.

PÈRE UBU, *courant après et les faisant revenir.* Messieurs, nous avons oublié une cérémonie indispensable, il faut jurer de nous escrimer vaillamment.

CAPITAINE BORDURE. Et comment faire ? Nous n'avons pas de prêtre.

PÈRE UBU. La Mère Ubu va en tenir lieu.

TOUS. Eh bien, soit.

notes

1. **ladre** : avare.
2. Ubu emploie indifféremment dans le texte les expressions « *visiter mes poches* », « *mettre dans la poche* » ou « *pocher* ». Dans le répertoire des costumes, Jarry indique qu'Ubu a « *toujours une canne enfoncée dans la poche droite* ».
3. **regimbera** : refusera et résistera.

Acte 1, scène 7

255 PÈRE UBU. Ainsi, vous jurez de bien tuer le roi ?
TOUS. Oui, nous le jurons. Vive le Père Ubu !

Fin du premier acte.

suite, p. 37

Affiche pour la représentation d'*Ubu Roi* en 1896.

Un affreux personnage
Lecture analytique de la scène 7 de l'acte I, pp. 23 à 25.

Cette scène, qui clôt le premier acte de la pièce, est une scène de conjuration. Les personnages se sont mis d'accord sur le plan à suivre pour que le Père Ubu détrône le roi de Pologne. Cette situation est idéale pour mettre en pleine lumière le caractère d'Ubu, qui cumule les défauts et ne fait montre d'aucune qualité.

Traître, indigne, déloyal, égoïste, imbu de sa personne, arbitraire, mégalomane, lâche, perfide, avare et grossier, tels sont certains des qualificatifs dont on peut l'affubler. Ainsi, un personnage moral se dessine sous les traits caricaturaux, parfaitement mis en valeur par l'opposition avec le noble Capitaine Bordure et la complémentarité avec l'affreuse Mère Ubu.

À cela, il faut ajouter l'apparence d'Ubu – un être énorme, au ventre gigantesque et à la silhouette remarquable (*cf.* les dessins que Jarry a faits de son personnage) – et surtout son langage, fait d'expressions pittoresques, de grossièretés, de néologismes* et d'archaïsmes.

Tout ceci permet de forger un personnage reconnaissable entre tous, mais aussi un « caractère », miroir déformé, comique* et juste de certains travers observables dans la société.

Une scène de conspiration

❶ Quel est le rôle de chacun des personnages principaux dans la conspiration qui se prépare ?
❷ Quel est le personnage le plus important ici ? En quoi ?

* *Cf.* Lexique.

Scène 7 de l'acte 1, pp. 23 à 25

Un affreux personnage

❸ Dressez, en vous appuyant sur le texte, la liste des défauts du Père Ubu.
❹ En quoi le caractère et les ambitions de la Mère Ubu sont-ils ici un parfait complément de ceux du Père Ubu ?

Un personnage construit en opposition

❺ Quelles sont les qualités prêtées à Bordure ? Comment l'opposition entre Ubu et Bordure est-elle soulignée ? Quel est l'intérêt, pour la scène, de cette opposition ?
❻ Quel est le rôle des répliques dites par « *Tous* » ?

Un personnage haut en couleur

❼ Montrez qu'Ubu prend toute la place (et pas seulement physiquement).
❽ Quelles sont les caractéristiques de la manière de parler d'Ubu ? En quoi cette manière participe-t-elle à la construction de son personnage ?

Caractères et mauvais caractère
Lectures croisées et travaux d'écriture

En littérature, le « caractère » est un personnage qui, par ses caractéristiques, son langage, ses tics et ses manières, devient un type et le représentant d'une foule, d'une manière d'être. Le théâtre est bien sûr un genre privilégié pour la création de « caractères », comme celui d'Argan, le malade imaginaire inventé par Molière. Ce personnage représente bien sûr l'hypocondriaque ridicule, mais, au-delà, il prend place dans la galerie des barbons* qui, en raison de leurs lubies, rendent malheureux leur entourage en lui imposant leurs obsessions. C'est aussi le cas de Pliouchkine, le personnage imaginé par Nicolas Gogol dans *Les Âmes mortes* : son avarice extrême le situe hors de la vie, à la lisière du comique* par son grotesque* et du tragique par son pathétique*.

La littérature populaire crée aussi de nombreux « caractères » ou « types » qui s'illustrent par un langage truculent et fleuri que l'on nomme « la gouaille ». Raymond Queneau s'en inspire pour créer son duc d'Auge dans *Les Fleurs bleues*. Par son langage et sa manière inimitable de se comporter et de réagir, ce personnage prend toute l'épaisseur d'un « caractère », bien que son auteur en fasse volontairement un personnage fictif et non réaliste, qui se promène d'un siècle à l'autre, comme Ubu se promène d'un décor à l'autre.

Quant à Boudu, incarné par Michel Simon sous l'œil de Jean Renoir, il donne, comme Ubu, son titre à l'œuvre et porte un nom dont les sonorités indiquent déjà qu'il va tout remettre en question autour de lui. Il est une réincarnation de Diogène, le philosophe grec cynique qui, par son dénuement, fait éclater toutes les conventions sociales.

Texte A : Scène 7 de l'acte I d'*Ubu Roi* d'Alfred Jarry (pp. 23-25)

* Cf. Lexique.

Lectures croisées

Texte B : Molière, *Le Malade imaginaire*
Dans sa dernière pièce, Molière imagine le personnage d'un bon bourgeois hypocondriaque. Argan, à force de se croire malade, s'entiche de son pharmacien et de son médecin et rend malheureux tout son entourage. Ce long monologue, qui ouvre la pièce, met en scène un « caractère » très typé.

ARGAN, *seul dans sa chambre, assis, une table devant lui, compte des parties d'apothicaire[1] avec des jetons. Il fait, parlant à lui-même, les dialogues suivants.* Trois et deux font cinq, et cinq font dix, et dix font vingt. Trois et deux font cinq. « Plus, du vingt-quatrième, un petit clystère insinuatif[2], préparatif, et rémollient[3], pour amollir, humecter, et rafraîchir les entrailles de Monsieur. » Ce qui me plaît, de Monsieur Fleurant mon apothicaire, c'est que ses parties sont toujours fort civiles : « les entrailles de Monsieur, trente sols. » Oui, mais, Monsieur Fleurant, ce n'est pas tout que d'être civil, il faut être aussi raisonnable et ne pas écorcher les malades. Trente sols un lavement ! je suis votre serviteur, je vous l'ai déjà dit. Vous ne me les avez mis dans les autres parties qu'à vingt sols, et vingt sols en langage d'apothicaire, c'est-à-dire dix sols ; les voilà, dix sols. « Plus dudit jour, un bon clystère détersif[4], composé avec catholicon[5] double, rhubarbe, miel rosat[6] et autres, suivant l'ordonnance, pour balayer, laver et nettoyer le bas-ventre de Monsieur, trente sols. » Avec votre permission, dix sols. « Plus, dudit jour, le soir, un julep[7] hépatique, soporatif et somnifère, composé pour faire dormir Monsieur, trente-cinq sols. » Je ne me plains pas de celui-là, car il me fit bien dormir. Dix, quinze, seize et dix-sept sols, six deniers. « Plus, du vingt-cinquième, une bonne médecine purgative et corroborative[8], composée de casse récente avec séné levantin[9] et autres, suivant l'ordonnance de Monsieur Purgon, pour expulser et évacuer la bile de Monsieur, quatre livres. » Ah ! Monsieur Fleurant, c'est se moquer, il faut vivre avec les malades. Monsieur Purgon ne vous a pas ordonné de mettre quatre francs. Mettez, mettez trois livres, s'il vous plaît. Vingt et trente sols. « Plus, dudit jour, une potion anodine et astringente[10], pour faire reposer Monsieur, trente sols. » Bon... dix et quinze sols. « Plus, du vingt-sixième, un clystère carminatif[11] pour chasser les vents de Monsieur, trente sols. » Dix sols, Monsieur Fleurant. « Plus le clystère de Monsieur réitéré le soir, comme dessus, trente sols. » Monsieur Fleurant, dix sols. « Plus, du vingt-septième, une bonne médecine composée pour hâter d'aller, et chasser dehors les mauvaises humeurs de Monsieur, trois livres. » Bon, vingt et trente sols ; je suis bien aise que vous

Lectures croisées

soyez raisonnable. « Plus, du vingt-huitième, une prise de petit-lait clarifié et dulcoré[12], pour adoucir, lénifier[13], tempérer et rafraîchir le sang de Monsieur, vingt sols. » Bon, dix sols. « Plus une potion cordiale[14] et préservative, composée avec douze grains de bézoard[15], sirops de limon et grenade, et autres, suivant l'ordonnance, cinq livres. » Ah ! Monsieur Fleurant, tout doux, s'il vous plaît ; si vous en usez comme cela, on ne voudra plus être malade : contentez-vous de quatre francs ; vingt et quarante sols. Trois et deux font cinq, et cinq font dix, et dix font vingt. Soixante et trois livres, quatre sols, six deniers. Si bien donc que, de ce mois j'ai pris une, deux, trois, quatre, cinq, six, sept et huit médecines, et un, deux, trois, quatre, cinq, six, sept, huit, neuf, dix, onze et douze lavements ; et l'autre mois, il y avait douze médecines et vingt lavements. Je ne m'étonne pas si je ne me porte pas si bien ce mois-ci que l'autre. Je le dirai à Monsieur Purgon, afin qu'il mette ordre à cela. Allons, qu'on m'ôte tout ceci. Il n'y a personne ? J'ai beau dire, on me laisse toujours seul ; il n'y a pas moyen de les arrêter ici. *(Il agite une sonnette pour faire venir ses gens.)* Ils n'entendent point, et ma sonnette ne fait pas assez de bruit. Drelin, drelin, drelin, point d'affaire. Drelin, drelin, drelin, ils sont sourds... Toinette ! drelin, drelin, drelin. Tout comme si je ne sonnais point. Chienne ! coquine ! Drelin, drelin, drelin, j'enrage. *(Il ne sonne plus, mais il crie.)* Drelin, drelin, drelin. Carogne[16], à tous les diables. Est-il possible qu'on laisse comme cela un pauvre malade tout seul ! Drelin, drelin, drelin : voilà qui est pitoyable ! Drelin, drelin, drelin. Ah ! mon Dieu, ils me laisseront ici mourir. Drelin, drelin, drelin.

Molière, *Le Malade imaginaire*, scène 1 de l'acte I, 1673.

1. *parties d'apothicaire* : factures de pharmacien. **2.** *clystère insinuatif* : le clystère est une grosse seringue qui servait à administrer des purges par voie rectale ; il est insinuatif car il pénètre dans le corps. **3.** *rémollient* : adoucissant. **4.** *détersif* : laxatif. **5.** *catholicon* : sirop. **6.** *miel rosat* : miel dans lequel ont macéré des roses. **7.** *julep* : potion. **8.** *corroborative* : qui purge et qui renforce. **9.** *casse [...] levantin* : laxatifs. **10.** *anodine et astringente* : calmante et raffermissante. **11.** *carminatif* : qui fait péter. **12.** *dulcoré* : adouci. **13.** *lénifier* : calmer. **14.** *cordiale* : stimulante. **15.** *bézoard* : calculs rénaux d'animaux. **16.** *Carogne* : charogne (injure).

Texte C : Nicolas Gogol, *Les Âmes mortes*
Dans ce roman inachevé dont la première partie date de 1842, Nicolas Gogol (1809-1852) narre l'étrange idée de Tchitchikov, escroc qui rachète à leurs propriétaires leurs serfs morts mais non encore recensés comme tels. C'est une description sans concessions de toutes les bassesses de la société russe que Gogol réalise à travers le périple de son personnage principal, qui rend notamment visite à un certain Pliouchkine, individu dont l'extrême avarice

Lectures croisées

a détruit la part d'humanité. L'avare est un de ces « caractères » qu'affectionnent les écrivains : Pliouchkine plonge ses racines dans l'Harpagon de Molière (1668) et le père Grandet de Balzac (1833).

« J'avais sur mon bureau un carré de papier blanc. Dieu sait ce qu'il est devenu ! Vous voyez si je puis me fier à mes canailles de gens. »
Il promena ses regards sur le bureau, puis par-dessous, fouilla partout, s'écria enfin : « Mavra, hé, Mavra ! »
À cet appel accourut une femme portant une assiette où reposait le fameux morceau de brioche. Et le dialogue suivant s'engagea :
« Où as-tu fourré mon papier, brigande ?
– Quel papier, monsieur ? Parole d'honneur je n'en ai vu d'autre que le morceau dont vous recouvrez votre verre.
– Et moi, je vois à tes yeux que tu me l'as escamoté.
– Pour quoi faire ? Je ne sais ni lire ni écrire.
– Tu mens ! Tu l'as porté au fils du sacristain ; il est sans cesse à griffonner.
– Eh, s'il a besoin de papier, il sait où en trouver. Il se moque bien de vos chiffons.
– Attends un peu ; au jour du jugement tu feras connaissance avec la fourche des démons ; tu verras comme ils te grilleront !
– Pourquoi, grand Dieu, puisque je suis innocente ? Je n'ai pas touché à votre papier. Je puis avoir des faiblesses, mais jamais on ne m'a reproché le moindre vol.
– Tu verras comme ils t'en donneront. «Ah ! Ah ! coquine, diront-ils, tu trompais ton maître ! Attrape, attrape !» Et les fourches entreront en danse.
– Et moi je leur dirai : "Pourquoi, grand Dieu, pourquoi ? Je n'ai rien pris..." Mais tenez, le voilà votre papier, sur le bureau. Vous grondez toujours le monde à tort ! »
Pliouchkine reconnut en effet son papier, mâchonna, finit par dire :
« La voilà partie ! Quel caquet bon bec[1] ! On lui dit un mot, elle vous en rend dix ! Au lieu de chanter pouille[2], apporte-moi plutôt du feu pour cacheter ma lettre... Un instant ! Tu vas, bien sûr, me donner une chandelle, sans t'aviser que le suif se consume en pure perte ; non, apporte-moi plutôt un oribus[3]. »
Mavra partie, Pliouchkine s'assit dans un fauteuil, prit une plume, retourna dans tous les sens le carré de papier. Finalement, convaincu qu'il n'en pouvait rogner le moindre bout, il trempa la plume dans un encrier qui contenait un liquide moisi, avec force mouches au fond, et commença

Lectures croisées

à tracer des lettres semblables à des notes de musique. Il retenait à chaque instant sa main prête à s'emballer, collait parcimonieusement une ligne sur l'autre, et regrettait les espaces blancs qu'il lui fallait malgré tout laisser.

Eh quoi ! Un homme peut ainsi se ravaler[4], devenir si mesquin, si vilain, si ladre ! Est-ce vraisemblable ? Tout est vraisemblable, la nature humaine est capable de tout. L'impétueux jeune homme d'aujourd'hui reculerait d'horreur à la vue du vieillard qu'il sera un jour. Quand, au sortir des années charmantes de la jeunesse, vous vous engagez sur le chemin ardu de l'âge mûr, emportez pour viatique[5] vos premiers mouvements d'humanité ; autrement vous ne les retrouverez plus. La vieillesse vous menace, l'implacable vieillesse qui ne laisse rien reprendre de ce que l'on a une fois abandonné. La tombe est plus clémente, on peut y lire : *Ci-gît un homme*, tandis qu'on ne déchiffre rien sur les traits sombres et glacés de l'inhumaine vieillesse !

Nicolas Gogol, *Les Âmes mortes*, trad. d'Henri Mongault,
« Bibliothèque de la Pléiade », Gallimard, 1925.

1. Avoir caquet bon bec, c'est être bavard et médisant.
2. **chanter pouille** : accabler d'injures.
3. Des procédés d'éclairage domestique au XIXe siècle, la bougie, faite de cire, est le plus onéreux ; puis la chandelle, faite de mèches entourées de suif, autrement dit de graisse animale ; enfin l'oribus, qui est une variété de chandelle en résine.
4. **se ravaler** : s'abaisser, s'avilir moralement.
5. **viatique** : provisions ou argent emportés pour voyager.

Texte D : Raymond Queneau, *Les Fleurs bleues*

Au début de ce roman surréaliste, le duc d'Auge se rend à Paris pour y voir l'avancement des travaux de Notre-Dame (nous sommes en 1264). Il y fait la rencontre de Saint Louis qui l'invite à la Croisade. Auge refuse, préférant sa tranquillité à une gloire hypothétique, et s'attire par sa lâcheté la haine de la foule qui le conspue en lui jetant insultes et immondices à la figure. Mais le duc se rebiffe et sort son épée. Dans une atmosphère de parodie* de roman historique, de cocasserie, un « caractère » se dessine pourtant, très présent et convaincant : celui d'une vieille baderne, autoritaire et brutale, venue tout droit du Moyen Âge et qui se perpétue encore dans toutes les casernes modernes.

Comme il se retirait, le duc reçut sur le coin du visage toute une cargaison d'œufs pourris et de tomates fanées ; la flote qui écoutait le saint roi discourir sous son chêne estimait que ledit saint roi se montrait d'une

* *Cf.* Lexique

faiblesse coupable devant ce lâche vassal qui préférait le confort de son petit châtiau aux aléas d'une chrétienne expédition du côté de Bizerte ; et ce, d'autant plus qu'eux-mêmes, borgeois, artisans ou manants, ne risquaient en aucune façon de se voir expédier sur les rivages autrefois carthaginois pour y recevoir des coups de cimeterres[1] ou y attraper d'insanciables maladies.

– Hou hou, la salope, qu'ils criaient, oh le vilain dégonflé, le foireux lardé, la porcine lope, le pétochard affreux, le patriote mauvais, le marcassin maudit, la teigne vilaine, le pleutre éhonté, le poplican félon[2], la mauviette pouilleuse, le crassou poltron, l'ord[3] couard, le traître pleutre qui veut laisser le tombeau de sire jésus aux mains des païens et qui répond mal à son roi. Vive Louis de Poissy ! Hou hou, la salope !

Et ils continuaient à lancer bouses saignantes et crottins truffés sur le duc, lequel finit par s'énerver. Dégainant son braquemart[4], il fit de larges moulinets qui mirent en fuite manants, artisans et borgeois, lesquels s'égaillèrent rapidement à la ronde mais non sans se piétiner fort, ce qui en occit[5] quelques dizaines pour le repos de l'âme desquels le saint roi pria plus tard efficacement.

Écœuré, le duc se dirigea vers une baignoirie afin de s'y nettoyer des résidus de l'hostilité publique.

– Ah ! les salopards, grommelait-il, n'y a plus de liberté si les vilains s'en mêlent. Lui, Louis, n'oublie pas les services que je lui rendis à Damiette[6] et Mansourah[7]. La guerre aux colonies, il sait ce que c'est, il me comprend. Lui, Louis, il veut y retourner : c'est son affaire. Lui, Louis, ce n'est pas comme moi, c'est un saint homme, on finira par voir son nom sur le calendrier ; tandis que ces vilains qui me huent, qu'est-ce qu'ils veulent au fond ? Libérer le saint-sépulcre[8] ? Ils s'en moquent. Ce qu'ils veulent, c'est voir tous les nobles seigneurs comme moi étripés par les Chleuhs[9] pour envahir nos châtiaux, boire notre vin clairet dans nos caves et qui sait ? violenter nos mères, nos femmes, nos filles, nos servantes et nos brebis.

– Et nos juments, dit Sthène[10]. Un passant sursauta.

– Et nos juments, dit le duc à haute voix. Il se pencha vers le quidam.

– C'est moi qui ai dit : « et nos juments ». C'est moi, tu entends, vilain ? Comme le duc roulait de gros yeux, l'autre répondit bien poliment.

– Point ne vous contredis, messire.

Puis il disparaît, peu rassuré.

– Il est grand temps que nous quittions cette ville, dit le duc. Nous avons vu les travaux de Notre-Dame, admiré la Sainte Chapelle, ce joyau de l'art

Travaux d'écriture

gothique, rendu hommage comme il faut à notre saint roi, tout cela est fort bien, mais je sens que cela va se gâter avec la population ; aussi, après la baignerie, nous irons dîner dans une taverne de luxe pour nous réconforter et nous partirons sitôt après.

Raymond Queneau, *Les Fleurs bleues*, Gallimard, 1965.

1. **cimeterre** : large épée dont la lame courbe a la forme d'un croissant.
2. **poplican félon** : *poplican* est un néologisme* ; on peut traduire cette expression par « lâche traître ».
3. **ord** : dégoûtant (de *ordure*).
4. **braquemart** : épée courte.
5. **occit** : tua.
6. **Damiette** : ville d'Égypte prise par Saint-Louis en 1249.
7. **Mansourah** : ville d'Égypte où Saint Louis vainquit les mamelouks (soldats turquo-égyptiens) en 1250 et fut fait prisonnier.
8. **Saint-Sépulcre** : tombeau de Jésus, situé à Jérusalem, dont la libération est l'un des objectifs des Croisades.
9. **Chleuhs** : population berbère du Maroc ; à partir de la Seconde Guerre mondiale, surnom péjoratif donné aux Allemands.
10. **Sthène** est le cheval du duc ; il parle.

Document : Michel Simon dans *Boudu sauvé des eaux* de Jean Renoir (1932)

Ce film met en scène un clochard sauvé de la noyade par un libraire aux idées larges qui le recueille chez lui. Mais, une fois installé, Boudu, personnage certes attendrissant, se révèle être une calamité : il cochonne l'appartement, courtise la bonne et couche avec la femme du libraire. Ce dernier essaie pourtant de le réinsérer en le mariant avec la bonne... mais le jour des noces Boudu s'enfuit. Personnage délirant et sympathique, Boudu incarne la liberté dans la misère, l'irrespect et l'indifférence pour les convenances.

Document reproduit ci-contre.

Corpus

Texte A : Scène 7 de l'acte I d'*Ubu Roi* d'Alfred Jarry (pp. 23-25).
Texte B : Scène 1 de l'acte I du *Malade imaginaire* de Molière (pp. 29-30).
Texte C : Extrait des *Âmes mortes* de Nicolas Gogol (pp. 30-32).
Texte D : Extrait des *Fleurs bleues* de Raymond Queneau (pp. 32-34).
Document : Michel Simon dans *Boudu sauvé des eaux* de Jean Renoir (pp. 34-35).

* *Cf.* Lexique.

Travaux d'écriture

Travaux d'écriture

Examen des textes et de l'image

❶ Quel est le rôle des répétitions dans le texte de Molière (texte B) ?
❷ Par quels procédés Molière fait-il apparaître la solitude d'Argan (texte B) ?
❸ Qu'est-ce qui est comique* et qu'est-ce qui est pathétique* dans le personnage de Pliouchkine (texte C) ?
❹ Quelle est la fonction du dernier paragraphe dans l'extrait donné des *Âmes mortes* (texte C) ? De quelle manière Nicolas Gogol explique-t-il l'existence d'un tel « caractère » ?
❺ Comment Raymond Queneau fait-il apparaître l'autorité et la brutalité du duc d'Auge (texte D) ?
❻ Peut-on comparer Ubu et le duc d'Auge (textes A et D) ? Justifiez votre réponse.
❼ Analysez les procédés comiques dans l'extrait des *Fleurs bleues* (texte D). En quoi diffèrent-ils du comique de Molière (texte B) ?
❽ Que traduisent l'expression et le geste du personnage de Boudu (document) ?

Travaux d'écriture

Question préliminaire
Dans quelle mesure les textes du corpus et le document font-ils appel à des procédés communs pour faire apparaître un caractère ?

Commentaire
Vous ferez le commentaire composé de l'extrait du *Malade imaginaire* de Molière (texte B).

Dissertation
Selon vous, une œuvre littéraire sans « caractères » est-elle possible ? Vous répondrez à la question en vous appuyant sur les textes du corpus et sur des exemples tirés de vos lectures.

Écriture d'invention
Imaginez la rencontre et le dialogue entre Boudu (document) et Pliouchkine, l'avare de Gogol (texte C).

* *Cf.* Lexique.

Acte II

Scène première   VENCESLAS, LA REINE ROSEMONDE, BOLESLAS, LADISLAS *et* BOUGRELAS.

Le palais du roi.

LE ROI. Monsieur Bougrelas, vous avez été ce matin fort impertinent avec Monsieur Ubu, chevalier de mes ordres et comte de Sandomir. C'est pourquoi je vous défends de paraître à ma revue.

LA REINE. Cependant, Venceslas, vous n'auriez pas trop de toute votre famille pour vous défendre.

LE ROI. Madame, je ne reviens jamais sur ce que j'ai dit. Vous me fatiguez avec vos sornettes[1].

LE JEUNE BOUGRELAS. Je me soumets, monsieur mon père.

note

1. **sornettes** : balivernes, affirmations sans fondement.

Ubu Roi

LA REINE. Enfin, Sire, êtes-vous toujours décidé à aller à cette revue ?

LE ROI. Pourquoi non, madame ?

LA REINE. Mais, encore une fois, ne l'ai-je pas vu en songe vous frappant de sa masse d'armes et vous jetant dans la Vistule[1], et un aigle comme celui qui figure dans les armes de Pologne lui plaçant la couronne sur la tête ?

LE ROI. À qui ?

LA REINE. Au Père Ubu.

LE ROI. Quelle folie ! Monsieur de Ubu est un fort bon gentilhomme, qui se ferait tirer à quatre chevaux[2] pour mon service.

LA REINE *et* BOUGRELAS. Quelle erreur.

LE ROI. Taisez-vous, jeune sagouin. Et vous, madame, pour vous prouver combien je crains peu Monsieur Ubu, je vais aller à la revue comme je suis, sans arme et sans épée.

LA REINE. Fatale imprudence, je ne vous reverrai pas vivant.

LE ROI. Venez, Ladislas, venez, Boleslas.

Ils sortent. La Reine et Bougrelas vont à la fenêtre.

LA REINE *et* BOUGRELAS. Que Dieu et le grand saint Nicolas[3] vous gardent.

LA REINE. Bougrelas, venez dans la chapelle avec moi prier pour votre père et vos frères.

---

notes

1. Vistule : fleuve de Pologne, qui coule notamment à Cracovie et Varsovie.
2. se ferait tirer à quatre chevaux : se ferait écarteler (supplice infligé aux régicides).

3. saint Nicolas : saint patron de la Russie.

Mère Ubu (Rosy Varte) et Père Ubu (Georges Wilson) entourant le roi Venceslas (Charles Lavialle), dans la mise en scène de Jean Vilar (1958).

Ubu Roi

Scène 2

L'*Armée polonaise*, LE ROI, BOLESLAS, LADISLAS, PÈRE UBU, CAPITAINE BORDURE *et ses hommes*, GIRON, PILE, COTICE.

Le champ des revues.

LE ROI. Noble Père Ubu, venez près de moi avec votre suite pour inspecter les troupes.

PÈRE UBU, *aux siens*. Attention, vous autres. *(Au Roi.)* On y va, monsieur, on y va. *(Les hommes d'Ubu entourent le Roi.)*

LE ROI. Ah ! voici le régiment des gardes à cheval de Dantzick[1]. Ils sont fort beaux, ma foi.

PÈRE UBU. Vous trouvez ? Ils me paraissent misérables. Regardez celui-ci. *(Au soldat.)* Depuis combien de temps ne t'es-tu débarbouillé, ignoble drôle[2] ?

LE ROI. Mais ce soldat est fort propre. Qu'avez-vous donc, Père Ubu ?

PÈRE UBU. Voilà ! *(Il lui écrase le pied.)*

LE ROI. Misérable !

PÈRE UBU. MERDRE. À moi, mes hommes !

BORDURE. Hurrah[3] ! en avant ! *(Tous frappent le Roi, un Palotin explose[4].)*

LE ROI. Oh ! au secours ! Sainte Vierge, je suis mort.

BOLESLAS, *à Ladislas*. Qu'est cela ! Dégainons.

notes

1. Dantzick : ou Danzig ; ville tantôt allemande, tantôt polonaise, connue aujourd'hui sous le nom de Gdansk.
2. drôle : coquin.
3. Hurrah : orthographe ancienne pour *hourra*.
4. L'explosion de ce Palotin n'empêchera pas les Palotins d'être toujours au nombre de trois dans la suite de la pièce.

Acte II, scène 3

Père Ubu. Ah ! j'ai la couronne ! Aux autres, maintenant.

Capitaine Bordure. Sus aux traîtres !! *(Les fils du Roi s'enfuient, tous les poursuivent.)*

Scène 3

La Reine *et* Bougrelas.

La Reine. Enfin, je commence à me rassurer.

Bougrelas. Vous n'avez aucun sujet de crainte.

Une effroyable clameur se fait entendre au-dehors.

Bougrelas. Ah ! que vois-je ? Mes deux frères poursuivis par le Père Ubu et ses hommes.

La Reine. Ô mon Dieu ! Sainte Vierge, ils perdent, ils perdent du terrain !

Bougrelas. Toute l'armée suit le Père Ubu. Le Roi n'est plus là. Horreur ! Au secours !

La Reine. Voilà Boleslas mort ! Il a reçu une balle.

Bougrelas. Eh ! *(Ladislas se retourne.)* Défends-toi ! Hurrah, Ladislas.

La Reine. Oh ! Il est entouré.

Bougrelas. C'en est fait de lui. Bordure vient de le couper en deux comme une saucisse.

La Reine. Ah ! Hélas ! Ces furieux pénètrent dans le palais, ils montent l'escalier.

La clameur augmente.

La Reine *et* Bougrelas, *à genoux*. Mon Dieu, défendez-nous.

Bougrelas. Oh ! ce Père Ubu ! Le coquin, le misérable, si je le tenais...

Scène 4

LES MÊMES, *la porte est défoncée,*
le PÈRE UBU *et les forcenés pénètrent.*

PÈRE UBU. Eh ! Bougrelas, que me veux-tu faire ?

BOUGRELAS. Vive Dieu ! je défendrai ma mère jusqu'à la mort ! Le premier qui fait un pas est mort.

PÈRE UBU. Oh ! Bordure, j'ai peur ! laissez-moi m'en aller.

UN SOLDAT *avance.* Rends-toi, Bougrelas !

LE JEUNE BOUGRELAS. Tiens, voyou ! voilà ton compte ! *(Il lui fend le crâne.)*

LA REINE. Tiens bon, Bougrelas, tiens bon !

PLUSIEURS *avancent.* Bougrelas, nous te promettons la vie sauve.

BOUGRELAS. Chenapans, sacs à vins, sagouins payés ! *(Il fait le moulinet avec son épée et en fait un massacre.)*

PÈRE UBU. Oh ! je vais bien en venir à bout tout de même !

BOUGRELAS. Mère, sauve-toi par l'escalier secret.

LA REINE. Et toi, mon fils, et toi ?

BOUGRELAS. Je te suis.

PÈRE UBU. Tâchez d'attraper la reine. Ah ! la voilà partie. Quant à toi, misérable !... *(Il s'avance vers Bougrelas.)*

BOUGRELAS. Ah ! vive Dieu ! voilà ma vengeance ! *(Il lui découd la boudouille[1] d'un terrible coup d'épée.)* Mère, je te suis ! *(Il disparaît par l'escalier secret.)*

---

note

1. Boudouille : néologisme qui désigne « le ventre ».

Acte II, scène 5

Scène 5

Le jeune Bougrelas *entre, suivi de* Rosemonde.

Une caverne dans les montagnes.

Bougrelas. Ici nous serons en sûreté.

La Reine. Oui, je le crois ! Bougrelas, soutiens-moi ! *(Elle tombe sur la neige.)*

Bougrelas. Ha ! qu'as-tu, ma mère ?

La Reine. Je suis bien malade, crois-moi, Bougrelas. Je n'en ai plus que pour deux heures à vivre.

Bougrelas. Quoi ! le froid t'aurait-il saisie ?

La Reine. Comment veux-tu que je résiste à tant de coups ? Le roi massacré, notre famille détruite, et toi, représentant de la plus noble race qui ait jamais porté l'épée, forcé de t'enfuir dans les montagnes comme un contrebandier.

Bougrelas. Et par qui, grand Dieu ! par qui ? Un vulgaire Père Ubu, aventurier sorti on ne sait d'où, vile crapule, vagabond honteux ! Et quand je pense que mon père l'a décoré et fait comte et que le lendemain ce vilain n'a pas eu honte de porter la main sur lui.

La Reine. Ô Bougrelas ! Quand je me rappelle combien nous étions heureux avant l'arrivée de ce Père Ubu ! Mais maintenant, hélas ! tout est changé !

Bougrelas. Que veux-tu ? Attendons avec espérance et ne renonçons jamais à nos droits.

La Reine. Je te le souhaite, mon cher enfant, mais pour moi je ne verrai pas cet heureux jour.

Bougrelas. Eh ! qu'as-tu ? Elle pâlit, elle tombe, au secours ! Mais je suis dans un désert ! Ô mon Dieu ! son cœur ne bat plus.

Ubu Roi

Elle est morte ! Est-ce possible ? Encore une victime du Père Ubu ! *(Il se cache la figure dans les mains et pleure.)* Ô mon Dieu ! qu'il est triste de se voir seul à quatorze ans avec une vengeance terrible à poursuivre ! *(Il tombe en proie au plus violent désespoir.)*

Pendant ce temps, les Âmes de Venceslas, de Boleslas, de Ladislas, de Rosemonde entrent dans la grotte, leurs Ancêtres les accompagnent et remplissent la grotte. Le plus vieux s'approche de Bougrelas et le réveille doucement.

BOUGRELAS. Eh ! que vois-je ? Toute ma famille, mes ancêtres... Par quel prodige ?

L'OMBRE. Apprends, Bougrelas, que j'ai été pendant ma vie le seigneur Mathias de Königsberg[1], le premier roi et le fondateur de la maison. Je te remets le soin de notre vengeance. *(Il lui donne une grande épée.)* Et que cette épée que je te donne n'ait de repos que quand elle aura frappé de mort l'usurpateur.

Tous disparaissent, et Bougrelas reste seul dans l'attitude de l'extase.

Scène 6

PÈRE UBU, MÈRE UBU, CAPITAINE BORDURE

Le palais du roi.

PÈRE UBU. Non, je ne veux pas, moi ! Voulez-vous me ruiner pour ces bouffres[2] ?

notes

1. Mathias de Königsberg : il existe des Mathias, rois de Hongrie et de Bohême, mais point de Mathias de Königsberg (Königsberg était une ville portuaire de Prusse orientale, cédée par l'Allemagne à l'U.R.S.S. en 1945 et située aujourd'hui, sous le nom de Kaliningrad, dans une région russe enclavée entre la Pologne et la Lituanie).
2. bouffres : néologisme, mixte possible de *bouffon* et de *bougre*.

Acte II, scène 6

CAPITAINE BORDURE. Mais enfin, Père Ubu, ne voyez-vous pas que le peuple attend le don de joyeux avènement ?

MÈRE UBU. Si tu ne fais pas distribuer des viandes et de l'or, tu seras renversé d'ici deux heures.

PÈRE UBU. Des viandes, oui ! de l'or, non ! Abattez trois vieux chevaux, c'est bien bon pour de tels sagouins.

MÈRE UBU. Sagouin toi-même ! Qui m'a bâti un animal de cette sorte ?

PÈRE UBU. Encore une fois, je veux m'enrichir, je ne lâcherai pas un sou.

MÈRE UBU. Quand on a entre les mains tous les trésors de la Pologne.

CAPITAINE BORDURE. Oui, je sais qu'il y a dans la chapelle un immense trésor, nous le distribuerons.

PÈRE UBU. Misérable, si tu fais ça !

CAPITAINE BORDURE. Mais, Père Ubu, si tu ne fais pas de distributions, le peuple ne voudra pas payer les impôts.

PÈRE UBU. Est-ce bien vrai ?

MÈRE UBU. Oui, oui !

PÈRE UBU. Oh, alors je consens à tout. Réunissez trois millions, cuisez cent cinquante bœufs et moutons, d'autant plus que j'en aurai aussi !

Ils sortent.

Scène 7

PÈRE UBU *couronné*, MÈRE UBU,
CAPITAINE BORDURE,
LARBINS *chargés de viande*.

La cour du palais pleine de Peuple.

PEUPLE. Voilà le roi ! Vive le roi ! hurrah !

PÈRE UBU, *jetant de l'or*. Tenez, voilà pour vous. Ça ne m'amusait guère de vous donner de l'argent, mais vous savez, c'est la Mère Ubu qui a voulu. Au moins, promettez-moi de bien payer les impôts.

TOUS. Oui, oui !

CAPITAINE BORDURE. Voyez, Mère Ubu, s'ils se disputent cet or. Quelle bataille.

MÈRE UBU. Il est vrai que c'est horrible. Pouah ! en voilà un qui a le crâne fendu.

PÈRE UBU. Quel beau spectacle ! Amenez d'autres caisses d'or.

CAPITAINE BORDURE. Si nous faisions une course.

PÈRE UBU. Oui, c'est une idée. *(Au peuple.)* Mes amis, vous voyez cette caisse d'or, elle contient trois cent mille nobles à la rose[1] en or, en monnaie polonaise et de bon aloi[2]. Que ceux qui veulent courir se mettent au bout de la cour. Vous partirez quand j'agiterai mon mouchoir et le premier arrivé aura la caisse. Quant à ceux qui ne gagneront pas, ils auront comme consolation cette autre caisse qu'on leur partagera.

TOUS. Oui ! Vive le Père Ubu ! Quel bon roi ! On n'en voyait pas tant du temps de Venceslas.

notes

1. nobles à la rose : monnaie anglaise en or, frappée à partir du XIVe siècle.

2. de bon aloi : de bonne qualité. L'aloi désigne par ailleurs le titre légal des monnaies.

Acte II, scène 7

Père Ubu, *à la Mère Ubu, avec joie.* Écoute-les ! *(Tout le peuple va se ranger au bout de la cour.)*

Père Ubu. Une, deux, trois ! Y êtes-vous ?

Tous. Oui ! Oui !

Père Ubu. Partez ! *(Ils partent en se culbutant. Cris et tumulte.)*

Capitaine Bordure. Ils approchent ! ils approchent !

Père Ubu. Eh ! le premier perd du terrain.

Mère Ubu. Non, il regagne maintenant.

Capitaine Bordure. Oh ! il perd, il perd ! fini ! c'est l'autre ! *(Celui qui était deuxième arrive le premier.)*

Tous. Vive Michel Fédérovitch[1] ! Vive Michel Fédérovitch !

Michel Fédérovitch. Sire, je ne sais vraiment comment remercier Votre Majesté…

Père Ubu. Oh ! mon cher ami, ce n'est rien. Emporte ta caisse chez toi, Michel ; et vous, partagez-vous cette autre, prenez une pièce chacun jusqu'à ce qu'il n'y en ait plus.

Tous. Vive Michel Fédérovitch ! Vive le Père Ubu !

Père Ubu. Et vous, mes amis, venez dîner ! Je vous ouvre aujourd'hui les portes du palais, veuillez faire honneur à ma table !

Peuple. Entrons ! Entrons ! Vive le Père Ubu ! C'est le plus noble des souverains ! *(Ils entrent dans le palais. On entend le bruit de l'orgie qui se prolonge jusqu'au lendemain. La toile tombe.)*

Fin du deuxième acte.

---

note

[1]. L'homme qui remporte ici la course porte le nom du premier tsar russe de la lignée des Romanov.

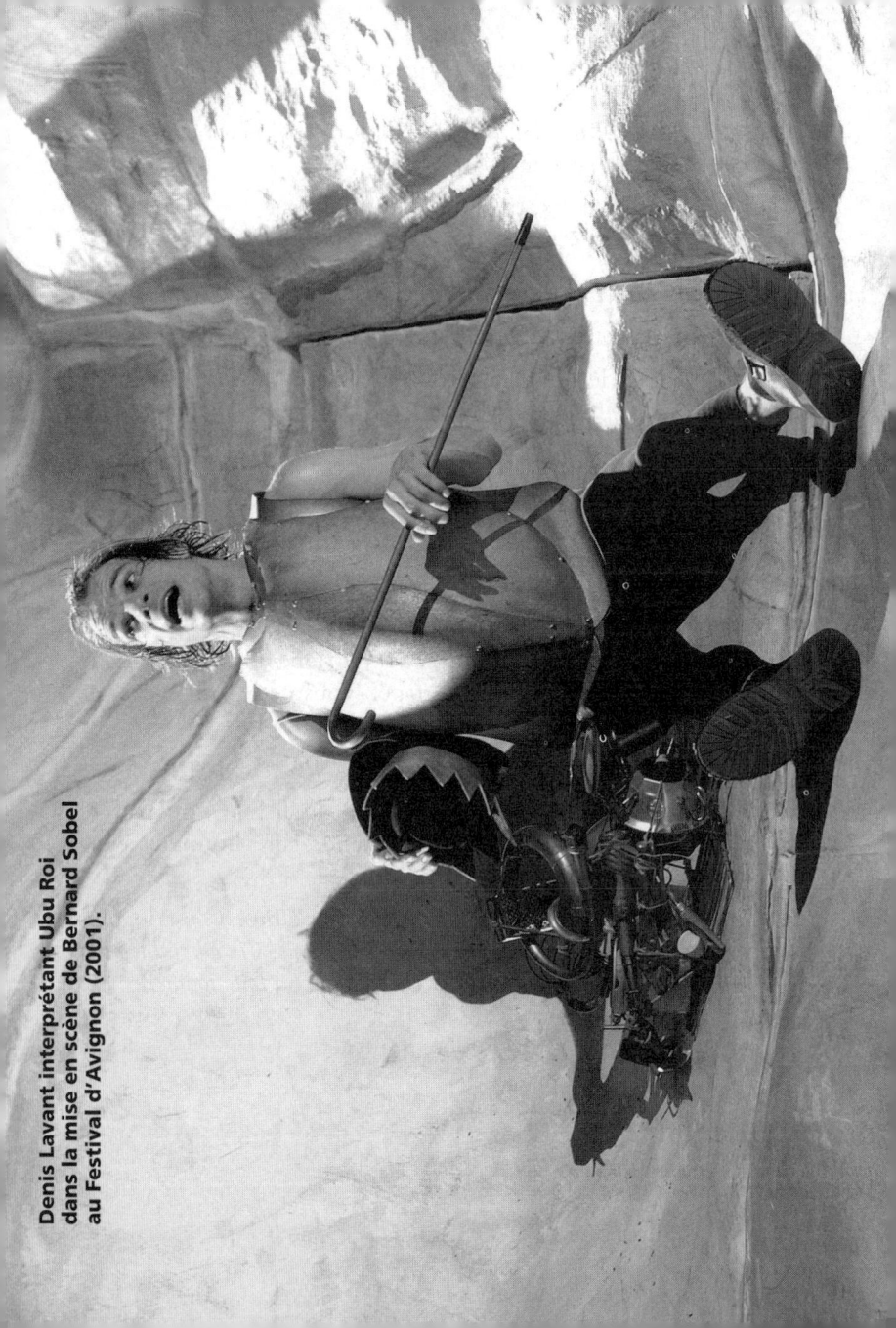

Denis Lavant interprétant Ubu Roi dans la mise en scène de Bernard Sobel au Festival d'Avignon (2001).

Acte III

Scène première   Père Ubu, Mère Ubu

Le palais.

Père Ubu. De par ma chandelle verte, me voici roi dans ce pays. Je me suis déjà flanqué une indigestion et on va m'apporter ma grande capeline.

Mère Ubu. En quoi est-elle, Père Ubu ? car nous avons beau être rois il faut être économes.

Père Ubu. Madame ma femelle, elle est en peau de mouton avec une agrafe et des brides en peau de chien.

Mère Ubu. Voilà qui est beau, mais il est encore plus beau d'être rois.

Père Ubu. Oui, tu as eu raison, Mère Ubu.

Mère Ubu. Nous avons une grande reconnaissance au duc de Lithuanie.

PÈRE UBU. Qui donc ?

MÈRE UBU. Eh ! le capitaine Bordure.

PÈRE UBU. De grâce, Mère Ubu, ne me parle pas de ce bouffre. Maintenant que je n'ai plus besoin de lui il peut bien se brosser le ventre, il n'aura point son duché.

MÈRE UBU. Tu as grand tort, Père Ubu, il va se tourner contre toi.

PÈRE UBU. Oh ! je le plains bien, ce petit homme, je m'en soucie autant que de Bougrelas.

MÈRE UBU. Eh ! crois-tu en avoir fini avec Bougrelas ?

PÈRE UBU. Sabre à finances, évidemment ! que veux-tu qu'il me fasse, ce petit sagouin de quatorze ans ?

MÈRE UBU. Père Ubu, fais attention à ce que je te dis. Crois-moi, tâche de t'attacher Bougrelas par tes bienfaits.

PÈRE UBU. Encore de l'argent à donner. Ah ! non, du coup ! vous m'avez fait gâcher bien vingt-deux millions.

MÈRE UBU. Fais à ta tête, Père Ubu, il t'en cuira.

PÈRE UBU. Eh bien, tu seras avec moi dans la marmite.

MÈRE UBU. Écoute, encore une fois, je suis sûre que le jeune Bougrelas l'emportera, car il a pour lui le bon droit.

PÈRE UBU. Ah ! saleté ! le mauvais droit ne vaut-il pas le bon ? Ah ! tu m'injuries, Mère Ubu, je vais te mettre en morceaux. *(La Mère Ubu se sauve poursuivie par Ubu.)*

Acte III, scène 2

Scène 2

Père Ubu, Mère Ubu, Officiers *et* Soldats ; Giron, Pile, Cotice, Nobles *enchaînés*, Financiers, Magistrats, Greffiers.

La grande salle du palais.

Père Ubu. Apportez la caisse à Nobles et le crochet à Nobles et le couteau à Nobles et le bouquin à Nobles ! Ensuite, faites avancer les Nobles.

On pousse brutalement les Nobles.

Mère Ubu. De grâce, modère-toi, Père Ubu.

Père Ubu. J'ai l'honneur de vous annoncer que pour enrichir le royaume je vais faire périr tous les Nobles et prendre leurs biens.

Nobles. Horreur ! à nous, peuple et soldats !

Père Ubu. Amenez le premier Noble et passez-moi le crochet à Nobles. Ceux qui seront condamnés à mort, je les passerai dans la trappe, ils tomberont dans les sous-sols du Pince-Porc et de la Chambre-à-Sous, où on les décervèlera[1]. *(Au Noble.)* Qui es-tu, bouffre ?

Le Noble. Comte de Vitepsk[2].

Père Ubu. De combien sont tes revenus ?

Le Noble. Trois millions de rixdales[3].

---

notes

1. Unique allusion du texte à la fameuse Machine à décerveler dont il est question dans la liste des personnages.
2. Vitepsk : ou Vitebsk ; ville tantôt russe, tantôt lituanienne, tantôt polonaise, aujourd'hui en Biélorussie.

3. rixdales : ancienne monnaie d'argent du Nord et de l'Est de l'Europe.

Ubu Roi

PÈRE UBU. Condamné ! *(Il le prend avec le crochet et le passe dans le trou.)*

MÈRE UBU. Quelle basse férocité !

PÈRE UBU. Second Noble, qui es-tu ? *(Le Noble ne répond rien.)* Répondras-tu, bouffre ?

LE NOBLE. Grand-duc de Posen[1].

PÈRE UBU. Excellent ! excellent ! Je n'en demande pas plus long. Dans la trappe. Troisième Noble, qui es-tu ? tu as une sale tête.

LE NOBLE. Duc de Courlande[2], des villes de Riga[3], de Revel[4] et de Mitau[5].

PÈRE UBU. Très bien ! très bien ! Tu n'as rien autre chose ?

LE NOBLE. Rien.

PÈRE UBU. Dans la trappe, alors. Quatrième Noble, qui es-tu ?

LE NOBLE. Prince de Podolie[6].

PÈRE UBU. Quels sont tes revenus ?

LE NOBLE. Je suis ruiné.

PÈRE UBU. Pour cette mauvaise parole, passe dans la trappe. Cinquième Noble, qui es-tu ?

LE NOBLE. Margrave[7] de Thorn[8], palatin[9] de Polock[10].

PÈRE UBU. Ça n'est pas lourd. Tu n'as rien autre chose ?

LE NOBLE. Cela me suffisait.

---

notes

1. **Posen** : nom allemand de la ville polonaise de Poznan.
2. **Courlande** : région de Lettonie.
3. **Riga** : capitale de la Lettonie.
4. **Revel** : ou Reval ; ancien nom de la capitale de l'Estonie (Tallinn).
5. **Mitau** : nom allemand de Ielgava, ville de Lettonie.
6. **Podolie** : région tantôt russe, tantôt polonaise, aujourd'hui en Ukraine.
7. **Margrave** : titre de certains princes souverains d'Allemagne.
8. **Thorn** : nom allemand de la ville polonaise de Torun.
9. **palatin** : gouverneur (à ne pas confondre avec les Palotins, fidèles serviteurs d'Ubu).
10. **Polock** : ou Polatsk ; ville de Biélorussie.

Acte III, scène 2

75 PÈRE UBU. Eh bien ! mieux vaut peu que rien. Dans la trappe. Qu'as-tu à pigner[1], Mère Ubu ?

MÈRE UBU. Tu es trop féroce, Père Ubu.

PÈRE UBU. Eh ! je m'enrichis. Je vais me faire lire MA liste de MES biens. Greffier, lisez MA liste de MES biens.

80 LE GREFFIER. Comté de Sandomir.

PÈRE UBU. Commence par les principautés, stupide bougre !

LE GREFFIER. Principauté de Podolie, grand-duché de Posen, duché de Courlande, comté de Sandomir, comté de Vitepsk, palatinat de Polock, margraviat de Thorn.

85 PÈRE UBU. Et puis après ?

LE GREFFIER. C'est tout.

PÈRE UBU. Comment, c'est tout ! Oh bien alors, en avant les Nobles, et comme je ne finirai pas de m'enrichir, je vais faire exécuter tous les Nobles, et ainsi j'aurai tous les biens vacants. 90 Allez, passez les Nobles dans la trappe. *(On empile les Nobles dans la trappe.)* Dépêchez-vous plus vite, je veux faire des lois maintenant.

PLUSIEURS. On va voir ça.

PÈRE UBU. Je vais d'abord réformer la justice, après quoi nous 95 procéderons aux finances.

PLUSIEURS MAGISTRATS. Nous nous opposons à tout changement.

PÈRE UBU. Merdre. D'abord les magistrats ne seront plus payés.

MAGISTRATS. Et de quoi vivrons-nous ? Nous sommes pauvres.

---

note

1. pigner : verbe encore couramment employé dans certaines régions de l'Ouest de la France et qui signifie « protester comme un enfant », « pleurnicher ».

PÈRE UBU. Vous aurez les amendes que vous prononcerez et les biens des condamnés à mort.

UN MAGISTRAT. Horreur.

DEUXIÈME. Infamie.

TROISIÈME. Scandale.

QUATRIÈME. Indignité.

TOUS. Nous nous refusons à juger dans des conditions pareilles.

PÈRE UBU. À la trappe les magistrats ! *(Ils se débattent en vain.)*

MÈRE UBU. Eh ! que fais-tu, Père Ubu ? Qui rendra maintenant la justice ?

PÈRE UBU. Tiens ! moi. Tu verras comme ça marchera bien.

MÈRE UBU. Oui, ce sera du propre.

PÈRE UBU. Allons, tais-toi, bouffresque[1]. Nous allons maintenant, messieurs, procéder aux finances.

FINANCIERS. Il n'y a rien à changer.

PÈRE UBU. Comment, je veux tout changer, moi. D'abord je veux garder pour moi la moitié des impôts.

FINANCIERS. Pas gêné.

PÈRE UBU. Messieurs, nous établirons un impôt de dix pour cent sur la propriété, un autre sur le commerce et l'industrie, et un troisième sur les mariages et un quatrième sur les décès, de quinze francs chacun.

PREMIER FINANCIER. Mais c'est idiot, Père Ubu.

DEUXIÈME FINANCIER. C'est absurde.

---

note

1. **bouffresque** : féminin de *bouffre*, sur le mode de *maure* / *mauresque*.

Acte III, scène 3

Troisième Financier. Ça n'a ni queue ni tête.

Père Ubu. Vous vous fichez de moi ! Dans la trappe, les financiers ! *(On enfourne les financiers.)*

Mère Ubu. Mais enfin, Père Ubu, quel roi tu fais, tu massacres tout le monde.

Père Ubu. Eh merdre !

Mère Ubu. Plus de justice, plus de finances.

Père Ubu. Ne crains rien, ma douce enfant, j'irai moi-même de village en village recueillir les impôts.

Scène 3

Plusieurs paysans *sont assemblés.*

Une maison de paysans dans les environs de Varsovie[1].

Un Paysan, *entrant*. Apprenez la grande nouvelle. Le roi est mort, les ducs aussi et le jeune Bougrelas s'est sauvé avec sa mère dans les montagnes. De plus, le Père Ubu s'est emparé du trône.

Un Autre. J'en sais bien d'autres. Je viens de Cracovie[2], où j'ai vu emporter les corps de plus de trois cents nobles et de cinq cents magistrats qu'on a tués, et il paraît qu'on va doubler les impôts et que le Père Ubu viendra les ramasser lui-même.

Tous. Grand Dieu ! qu'allons-nous devenir ? le Père Ubu est un affreux sagouin et sa famille est, dit-on, abominable.

Un Paysan. Mais, écoutez : ne dirait-on pas qu'on frappe à la porte ?

notes

1. *Varsovie* : capitale de la Pologne.
2. *Cracovie* : ancienne capitale de la Pologne.

Ubu Roi

145 UNE VOIX, *au-dehors*. Cornegidouille[1] ! Ouvrez, de par ma merdre, par saint Jean, saint Pierre et saint Nicolas ! ouvrez, sabre à finances, cornefinances, je viens chercher les impôts ! *(La porte est défoncée, Ubu pénètre suivi d'une légion de Grippe-Sous[2].)*

Scène 4

150 PÈRE UBU. Qui de vous est le plus vieux ? *(Un paysan s'avance.)* Comment te nommes-tu ?

LE PAYSAN. Stanislas Leczinski[3].

PÈRE UBU. Eh bien, cornegidouille, écoute-moi bien, sinon ces messieurs te couperont les oneilles[4]. Mais, vas-tu m'écouter
155 enfin ?

STANISLAS. Mais Votre Excellence n'a encore rien dit.

PÈRE UBU. Comment, je parle depuis une heure. Crois-tu que je vienne ici pour prêcher dans le désert ?

STANISLAS. Loin de moi cette pensée.

160 PÈRE UBU. Je viens donc te dire, t'ordonner et te signifier que tu aies à produire et exhiber promptement ta finance, sinon tu

---

notes

1. Cornegidouille : mot qu'affectionne le Père Ubu, où l'on retrouve la *gidouille* inventée par Jarry, qui désigne « le ventre », et plus particulièrement la spirale que l'on voit sur le ventre d'Ubu sur certains dessins. La gidouille, comme l'andouille, représente les intestins. Face au symbole scatologique, la corne, que l'on trouve à de nombreuses reprises dans la bouche du Père Ubu, fait office de symbole phallique.

2. Ubu fait de *grippe-sous* non plus un synonyme d'*avare* mais une fonction.
3. Stanislas Leczinski : Jarry s'amuse à donner à l'aîné des paysans pauvres de Pologne le nom d'un roi de Pologne, père d'une reine de France.
4. oneilles : terme enfantin pour « oreilles ».

Acte III, scène 4

seras massacré. Allons, messeigneurs les salopins[1] de finance, voiturez ici le voiturin[2] à phynances. *(On apporte le voiturin.)*

STANISLAS. Sire, nous ne sommes inscrits sur le registre que pour cent cinquante-deux rixdales que nous avons déjà payées, il y aura tantôt six semaines à la Saint Mathieu.

PÈRE UBU. C'est fort possible, mais j'ai changé le gouvernement et j'ai fait mettre dans le journal qu'on paierait deux fois tous les impôts et trois fois ceux qui pourront être désignés ultérieurement. Avec ce système j'aurai vite fait fortune, alors je tuerai tout le monde et je m'en irai.

PAYSANS. Monsieur Ubu, de grâce, ayez pitié de nous. Nous sommes de pauvres citoyens.

PÈRE UBU. Je m'en fiche. Payez.

PAYSANS. Nous ne pouvons, nous avons payé.

PÈRE UBU. Payez ! ou ji[3] vous mets dans ma poche avec supplice et décollation[4] du cou et de la tête ! Cornegidouille, je suis le roi peut-être !

TOUS. Ah, c'est ainsi ! Aux armes ! Vive Bougrelas, par la grâce de Dieu, roi de Pologne et de Lithuanie !

PÈRE UBU. En avant, messieurs des Finances, faites votre devoir.

Une lutte s'engage, la maison est détruite et le vieux Stanislas s'enfuit seul à travers la plaine. Ubu reste à ramasser la finance.

---

notes

1. Jarry, sur le modèle de *Palotin*, invente le mot *salopin*, qui désigne les personnes chargées de récolter l'argent.
2. voiturin : ce mot n'est pas une invention de Jarry ; il désigne habituellement un loueur de voiture attelée transportant des voyageurs et, plus rarement, la voiture elle-même ; Jarry en change la fonction.
3. ji : forme altérée de « je », que l'on trouvera à plusieurs reprises dans la suite du texte et qui apparaît toujours à des moments où Ubu, en colère, promet des supplices terribles.
4. décollation : action de couper la tête d'une personne (Ubu fera allusion à la décollation de saint Jean-Baptiste dans la scène 1 de l'acte V).

Ubu Roi

Scène 5

BORDURE *enchaîné*, PÈRE UBU.

Une casemate[1] des fortifications de Thorn.

PÈRE UBU. Ah ! citoyen, voilà ce que c'est, tu as voulu que je te paye ce que je te devais, alors tu t'es révolté parce que je n'ai pas voulu, tu as conspiré et te voilà coffré. Cornefinance, c'est bien fait et le tour est si bien joué que tu dois toi-même le trouver fort à ton goût.

BORDURE. Prenez garde, Père Ubu. Depuis cinq jours que vous êtes roi, vous avez commis plus de meurtres qu'il n'en faudrait pour damner tous les saints du Paradis. Le sang du roi et des nobles crie vengeance et ses cris seront entendus.

PÈRE UBU. Eh ! mon bel ami, vous avez la langue fort bien pendue. Je ne doute pas que si vous vous échappiez il en pourrait résulter des complications, mais je ne crois pas que les casemates de Thorn aient jamais lâché quelqu'un des honnêtes garçons qu'on leur avait confiés. C'est pourquoi, bonne nuit, et je vous invite à dormir sur les deux oneilles, bien que les rats dansent ici une assez belle sarabande.

Il sort. Les Larbins viennent verrouiller toutes les portes.

---

note

1. *casemate* : abri enterré, protégé contre les canons.

Acte III, scène 6

Scène 6

L'EMPEREUR ALEXIS *et sa Cour*,
BORDURE.

Le palais de Moscou.

LE CZAR[1] ALEXIS. C'est vous, infâme aventurier, qui avez coopéré à la mort de notre cousin Venceslas ?

BORDURE. Sire, pardonnez-moi, j'ai été entraîné malgré moi par le Père Ubu.

ALEXIS. Oh ! l'affreux menteur. Enfin, que désirez-vous ?

BORDURE. Le Père Ubu m'a fait emprisonner sous prétexte de conspiration, je suis parvenu à m'échapper et j'ai couru cinq jours et cinq nuits à cheval à travers les steppes pour venir implorer Votre gracieuse miséricorde.

ALEXIS. Que m'apportes-tu comme gage de ta soumission ?

BORDURE. Mon épée d'aventurier et un plan détaillé de la ville de Thorn.

ALEXIS. Je prends l'épée, mais par saint Georges, brûlez ce plan, je ne veux pas devoir ma victoire à une trahison.

BORDURE. Un des fils de Venceslas, le jeune Bougrelas, est encore vivant, je ferai tout pour le rétablir.

ALEXIS. Quel grade avais-tu dans l'armée polonaise ?

BORDURE. Je commandais le 5e régiment des dragons de Wilna[2] et une compagnie franche[3] au service du Père Ubu.

---

notes

1. Czar : autre orthographe pour *tsar*, dans laquelle on reconnaît le mot *César* qui est son origine.
2. Wilna : nom russe de Vilnius, capitale de la Lituanie.
3. compagnie franche : troupe ne faisant pas partie des troupes militaires régulières.

Ubu Roi

ALEXIS. C'est bien, je te nomme sous-lieutenant au 10e régiment de Cosaques[1], et gare à toi si tu trahis. Si tu te bats bien, tu seras récompensé.

BORDURE. Ce n'est pas le courage qui me manque, Sire.

ALEXIS. C'est bien, disparais de ma présence.

Il sort.

Scène 7

PÈRE UBU, MÈRE UBU,
CONSEILLERS DE PHYNANCES

La salle du Conseil d'Ubu.

PÈRE UBU. Messieurs, la séance est ouverte et tâchez de bien écouter et de vous tenir tranquilles. D'abord, nous allons faire le chapitre des finances, ensuite nous parlerons d'un petit système que j'ai imaginé pour faire venir le beau temps et conjurer la pluie.

UN CONSEILLER. Fort bien, monsieur Ubu.

MÈRE UBU. Quel sot homme.

PÈRE UBU. Madame de ma merdre, garde à vous, car je ne souffrirai pas vos sottises. Je vous disais donc, messieurs, que les finances vont passablement. Un nombre considérable de chiens à bas de laine[2] se répand chaque matin dans les rues et les salopins font merveille. De tous côtés on ne voit que des maisons brûlées et des gens pliant sous le poids de nos phynances.

---

notes

1. **Cosaques** : cavaliers de l'armée russe.

2. **chiens à bas de laine** : chiens dressés pour détrousser les rentiers.

Acte III, scène 7

Le Conseiller. Et les nouveaux impôts, monsieur Ubu, vont-ils bien ?

Mère Ubu. Point du tout. L'impôt sur les mariages n'a encore produit que 11 sous, et encore le Père Ubu poursuit les gens partout pour les forcer à se marier.

Père Ubu. Sabre à finances, corne de ma gidouille, madame la financière, j'ai des oneilles pour parler et vous une bouche pour m'entendre. *(Éclats de rire.)* Ou plutôt non ! Vous me faites tromper et vous êtes cause que je suis bête ! Mais, corne d'Ubu ! *(Un messager entre.)* Allons, bon, qu'a-t-il encore, celui-là ? Va-t'en, sagouin, ou je te poche[1] avec décollation et torsion des jambes.

Mère Ubu. Ah ! le voilà dehors, mais il y a une lettre.

Père Ubu. Lis-la. Je crois que je perds l'esprit ou que je ne sais pas lire. Dépêche-toi, bouffresque, ce doit être de Bordure.

Mère Ubu. Tout justement. Il dit que le czar l'a accueilli très bien, qu'il va envahir tes États pour rétablir Bougrelas et que toi tu seras tué.

Père Ubu. Ho ! ho ! J'ai peur ! J'ai peur ! Ha ! je pense mourir. Ô pauvre homme que je suis. Que devenir, grand Dieu ? Ce méchant homme va me tuer. Saint Antoine et tous les saints, protégez-moi, je vous donnerai de la phynance et je brûlerai des cierges pour vous. Seigneur, que devenir ? *(Il pleure et sanglote.)*

Mère Ubu. Il n'y a qu'un parti à prendre, Père Ubu.

Père Ubu. Lequel, mon amour ?

Mère Ubu. La guerre !!

---

note

1. Le verbe *pocher* a une polysémie riche : *pocher un œil*, c'est « frapper violemment quelqu'un à l'œil » ; *pocher un œuf*, c'est « l'ébouillanter » ; enfin, dans le vocabulaire particulier d'Ubu, *pocher*, c'est « mettre dans la poche ».

Ubu Roi

TOUS. Vive Dieu ! Voilà qui est noble !

PÈRE UBU. Oui, et je recevrai encore des coups.

PREMIER CONSEILLER. Courons, courons organiser l'armée.

DEUXIÈME. Et réunir les vivres.

TROISIÈME. Et préparer l'artillerie et les forteresses.

QUATRIÈME. Et prendre l'argent pour les troupes.

PÈRE UBU. Ah ! non, par exemple ! Je vais te tuer, toi, je ne veux pas donner d'argent. En voilà d'une autre ![1] J'étais payé pour faire la guerre et maintenant il faut la faire à mes dépens. Non, de par ma chandelle verte, faisons la guerre, puisque vous en êtes enragés, mais ne déboursons pas un sou.

TOUS. Vive la guerre !

suite, p. 75

---

note

1. **En voilà d'une autre !** : et puis quoi encore !

« La séance est ouverte »
Lecture analytique de la scène 7 de l'acte III, pp. 60 à 62.

Cette scène se présente sous la forme apparemment classique d'un Conseil des ministres. On se demandera donc quels sont les éléments constitutifs d'un tel moment et de quelle manière le dramaturge les fait revivre sur scène.

Ici, le rôle du souverain – Ubu – est bien sûr central. Détenteur de tous les pouvoirs, il est aussi l'objet de toutes les attentions et de tous les regards : on l'écoute et on lui obéit. Tout se passe comme si Jarry voulait nous montrer la comédie feutrée du pouvoir. Accompagné de sa royale épouse, le roi Ubu interroge, énonce l'ordre du jour, et l'on pourrait s'attendre, une fois celui-ci épuisé, à une sorte de conversation à bâtons rompus, sur un ton détaché et dans un registre élevé, noble et châtié. Il n'en est rien. Au contraire, on assiste à la destruction méthodique de la solennité de la situation : les propos du Père Ubu sont ridicules, la Mère Ubu l'injurie, il pleure. La scène se révèle une parodie* de Conseil, construite pour tourner en dérision les secrets de la politique.

Mais la parodie elle-même se dérègle : la violence des propos, le déluge de grossièretés et le déraillement de la situation après l'arrivée du messager font apparaître le Père Ubu comme une pitoyable baudruche, lâche et intéressée, une caricature monstrueuse et violente de souverain qui rend impossible toute forme de politique.

Une scène de Conseil

❶ À quel moment de la pièce ce Conseil intervient-il ? En quoi fait-il progresser l'action ?
❷ De quelles autres scènes de la pièce peut-on rapprocher celle-ci ? Pourquoi ?

* *Cf.* Lexique.

Lecture analytique.

❸ Quels sont les personnages présents ? Que peut-on dire de cette distribution ?
❹ En quoi la distribution, la répartition de la parole et les sujets abordés pourraient faire croire à une scène de drame* historique ?

Une parodie de théâtre politique

❺ Montrez que l'ordre du jour proposé par le Père Ubu est étrange car il introduit une rupture de registre.
❻ Dites en quoi les personnages cités par le Père Ubu, les jeux de mots et les grossièretés tournent aussi la scène en dérision ?
❼ En quoi le dialogue entre Père Ubu et Mère Ubu est-il une parodie* de dialogue de couple royal ?
❽ Quel est l'effet produit par le messager et la lettre sur le Père Ubu ? En quoi ce final transforme-t-il ce Conseil en farce ?

Un pouvoir forcément dérisoire

❾ De quoi le Père Ubu se félicite-t-il ? En quoi est-ce absurde ?
❿ Comment s'expriment la terreur et la lâcheté du Père Ubu à l'annonce de la nécessité de faire la guerre ?
⓫ Pourquoi se ressaisit-il à la fin ? Que pouvons-nous en conclure sur sa valeur d'« homme d'État » ?

* Cf. Lexique.

Pouvoir et politique au théâtre : de la satire à la critique

Lectures croisées et travaux d'écriture

D'abord liée au genre tragique, qui représente les démêlés des « grands », rois et reines pris dans les contradictions entre leurs devoirs politiques et leurs désirs amoureux, la représentation du pouvoir et de la politique va devenir un sujet pour la comédie* et le drame* historique. Progressivement il ne sera plus abordé selon une perspective moraliste, qui dénonce de manière très générale les défauts et les vices de l'humanité, mais selon une perspective satirique* et critique, qui vise souvent directement le pouvoir en place. Ainsi, les trois extraits et le document présentés dans ce groupement visent, sous un déguisement littéraire, des régimes et des hommes politiques précis qu'ils critiquent ou dont ils font la satire*. Victor Hugo, à travers l'Espagne, dénonce en fait la monarchie de Louis-Philippe. Gustave Flaubert, à travers des personnages de fiction, montre une élection de province sous le Second Empire. Enfin, Jean-Paul Sartre s'intéresse aux rapports entre le Parti communiste et les intellectuels.

Texte A : Scène 7 de l'acte III d'*Ubu Roi* d'Alfred Jarry (pp. 60-62)

Texte B : Victor Hugo, *Ruy Blas*
Hugo met en scène, dans Ruy Blas, *un simple valet qui joue le rôle d'un grand d'Espagne disparu à la cour de Charles II. Le roi est affaibli et les grands du royaume, ministres et conseillers, en profitent pour piller l'État et s'enrichir indûment. Dans cette scène, Ruy Blas les surprend en train de se partager les dépouilles et il les apostrophe avec violence. Si l'action de la pièce est située à la fin du XVIIe siècle, Hugo vise en fait Louis-Philippe, roi des Français en 1838, date d'écriture de la pièce.*

* Cf. Lexique.

Lectures croisées

Les mêmes[1], Ruy Blas. *puis* un huissier, un page

Ruy Blas, *survenant.*
Bon appétit, messieurs ! –
Tous se retournent. Silence de surprise et d'inquiétude. Ruy Blas se couvre, croise les bras, et poursuit en les regardant en face.
                    Ô ministres intègres !
Conseillers vertueux ! Voilà votre façon
De servir, serviteurs qui pillez la maison !
Donc vous n'avez pas honte et vous choisissez l'heure,
L'heure sombre où l'Espagne agonisante pleure !
Donc vous n'avez ici pas d'autres intérêts
Que remplir votre poche et vous enfuir après !
Soyez flétris, devant votre pays qui tombe,
Fossoyeurs qui venez le voler dans sa tombe !
– Mais voyez, regardez, ayez quelque pudeur.
L'Espagne et sa vertu, l'Espagne et sa grandeur,
Tout s'en va. [...]
Mais voyez. – Du ponant[2] jusques à l'orient,
L'Europe, qui vous hait, vous regarde en riant.
Comme si votre roi n'était plus qu'un fantôme,
La Hollande et l'Anglais partagent ce royaume ;
Rome vous trompe ; il faut ne risquer qu'à demi
Une armée en Piémont, quoique pays ami ;
La Savoie et son duc sont pleins de précipices.
La France, pour vous prendre, attend des jours propices.
L'Autriche aussi vous guette. Et l'infant bavarois[3]
Se meurt, vous le savez. – Quant à vos vice-rois,
Medina, fou d'amour, emplit Naples d'esclandres,
Vaudémont vend Milan, Legañez perd les Flandres.
Quel remède à cela ? – L'État est indigent,
L'État est épuisé de troupes et d'argent ;
Nous avons sur la mer, où Dieu met ses colères,
Perdu trois cents vaisseaux, sans compter les galères.
Et vous osez !... – Messieurs, en vingt ans, songez-y,
Le peuple, – j'en ai fait le compte, et c'est ainsi ! –
Portant sa charge énorme et sous laquelle il ploie,
Pour vous, pour vos plaisirs, pour vos filles de joie,
Le peuple misérable, et qu'on pressure encor,

Lectures croisées

A sué quatre cent trente millions d'or !
Et ce n'est pas assez ! Et vous voulez, mes maîtres !... –
Ah ! J'ai honte pour vous ! [...]

Victor Hugo, *Ruy Blas*, extrait de la scène 2 de l'acte III, 1838.

1. C'est-à-dire les ministres et conseillers du roi d'Espagne.
2. ponant : l'ouest, l'occident.
3. infant bavarois : successeur du trône désigné par Charles II en 1698 et qui mourut l'année suivante. Toutes ces indications historiques montrent une Espagne aux abois, menacée par ses voisins.

Texte C : Gustave Flaubert, *Le Candidat*

Dans cette pièce peu connue datant de 1873, Flaubert met en scène la candidature à la députation de Rousselin, un homme qui s'est enrichi dans l'industrie. L'action se déroule en « province » et, au fil des scènes, on voit défiler les différents partis politiques de l'époque. Nobles, conservateurs, républicains, tous sont bêtes, médiocres, intéressés et totalement dépourvus de sens moral. Dans cet extrait, Murel, alors qu'il soutient Rousselin, lui cherche un adversaire en poussant Gruchet à la candidature. L'explication de ce paradoxe est simple : Rousselin vient de lui refuser la main de sa fille...

GRUCHET. Qu'est-ce qui vous prend ?

MUREL. Un remords ! J'ai commis une sottise, et vous aussi.

GRUCHET. En quoi ?

MUREL. Vous étiez tout à l'heure avec ceux qui portent Rousselin à la candidature ! Vous l'avez vu !

GRUCHET. Et même que j'ai été chercher Julien ; il va venir.

MUREL. Il ne s'agit pas de lui, mais de Rousselin ! Ce Rousselin, c'est un âne ! Il ne sait pas dire quatre mots ! et nous aurons le plus pitoyable député !

GRUCHET. L'initiative n'est pas de moi !

MUREL. Il s'est toujours montré on ne peut plus médiocre.

GRUCHET. Certainement !

MUREL. Ce qui ne l'empêche pas d'avoir une considération !... tandis que vous...

GRUCHET, *vexé*. Moi, eh bien ?

Lectures croisées

Murel. Je ne veux pas vous offenser, mais vous ne jouissez pas, dans le pays, de l'espèce d'éclat qui entoure la maison Rousselin.

Gruchet. Oh ! si je voulais ! *(Silence.)*

Murel, *le regardant en face.* Gruchet, seriez-vous capable de vous livrer à une assez forte dépense ?

Gruchet. Ce n'est pas trop dans mon caractère ; cependant...

Murel. Si on vous disait : « Moyennant quelques mille francs, tu prendras sa place, tu seras député ! »

Gruchet. Moi, dé...

Murel. Mais songez donc que là-bas, à Paris, on est à la source des affaires ! on connaît un tas de monde ! on va soi-même chez les ministres ! Les adjudications[1] de fournitures, les primes sur les sociétés nouvelles, les grands travaux, la Bourse, on a tout ! Quelle influence ! mon ami, que d'occasions !

Gruchet. Comment voulez-vous que ça m'arrive ? Rousselin est presque élu !

Murel. Pas encore ! Il a manqué de franchise dans la déclaration de ses principes ; et là-dessus la chicane est facile ! Quelques électeurs n'étaient pas contents. Heurtelot grommelait.

Gruchet. Le cordonnier ? J'ai contre lui une saisie pour après-demain !

Murel. Épargnez-le ; il est fort ! Quant aux autres, on verra. Je m'arrangerai pour que la chose commence par les ouvriers de la fabrique... puis, s'il faut se déclarer pour vous, je me déclarerai, M. Rousselin n'ayant pas le patriotisme nécessaire ; je serai forcé de le reconnaître ; d'ailleurs, je le reconnais, c'est une ganache[2] !

Gruchet, *rêvant.* Tiens ! tiens !

Murel. Qui vous arrête ? Vous êtes pour la Gauche ? Eh bien, on vous pousse à la Chambre de ce côté-là ; et quand bien même vous n'iriez pas, votre candidature seule, en ôtant des voix à Rousselin, l'empêche d'y parvenir.

Gruchet. Comme ça le ferait bisquer !

Murel. Un essai ne coûte rien ; peut-être quelques centaines de francs dans les cabarets.

Gruchet, *vivement.* Pas plus, vous croyez ?

Lectures croisées

MUREL. Et je vais remuer tout l'arrondissement, et vous serez nommé, et Rousselin sera enfoncé ! Et beaucoup de ceux qui font semblant de ne pas vous connaître s'inclineront très bas en vous disant : « Monsieur le député, j'ai bien l'honneur de vous offrir mes hommages. »

Gustave Flaubert, *Le Candidat*, extrait de la scène 13 de l'acte I, 1873.

1. adjudications : attributions de marchés publics.
2. ganache : sot, personne bête.

Texte D : Jean-Paul Sartre, *Les Mains sales*

Jean-Paul Sartre met ici face à face Hugo et Hoederer, qui représentent deux visages de l'action politique : d'un côté la pureté et l'exigence des principes, de l'autre la nécessité de prendre ses responsabilités, quitte à se « salir les mains ». Ce passage, qui explique la métaphore du titre, est au cœur de la réflexion sur ce qu'est un acte politique et sur la responsabilité que met en scène la pièce.

HOEDERER

Parfaitement. Aujourd'hui, c'est le meilleur moyen. *(Un temps.)* Comme tu tiens à ta pureté, mon petit gars ! Comme tu as peur de te salir les mains. Eh bien, reste pur ! À qui cela servira-t-il et pourquoi viens-tu parmi nous ? La pureté, c'est une idée de fakir et de moine. Vous autres, les intellectuels, les anarchistes bourgeois, vous en tirez prétexte pour ne rien faire, rester immobile, serrer les coudes contre le corps, porter des gants. Moi j'ai les mains sales. Jusqu'aux coudes. Je les ai plongées dans la merde et dans le sang. Et puis après ? Est-ce que tu t'imagines qu'on peut gouverner innocemment ?

HUGO

On s'apercevra peut-être un jour que je n'ai pas peur du sang.

HOEDERER

Parbleu : des gants rouges, c'est élégant. C'est le reste qui te fait peur. C'est ce qui pue à ton petit nez d'aristocrate.

HUGO

Et nous y voilà revenus : je suis un aristocrate, un type qui n'a jamais eu faim ! Malheureusement pour vous, je ne suis pas seul de mon avis.

Lectures croisées

HOEDERER

Pas seul ? Tu savais donc quelque chose de mes négociations avant de venir ici ?

HUGO

N-non. On en avait parlé en l'air, au Parti, et la plupart des types n'étaient pas d'accord et je peux vous jurer que ce n'étaient pas des aristocrates.

HOEDERER

Mon petit, il y a malentendu : je les connais, les gens du Parti qui ne sont pas d'accord avec ma politique et je peux te dire qu'ils sont de mon espèce, pas de la tienne – et tu ne tarderas pas à le découvrir. S'ils ont désapprouvé ces négociations, c'est tout simplement qu'ils les jugent inopportunes ; en d'autres circonstances ils seraient les premiers à les engager. Toi, tu en fais une affaire de principes.

HUGO

Qui a parlé de principes ?

HOEDERER

Tu n'en fais pas une affaire de principes ? Bon. Alors voici qui doit te convaincre : si nous traitons avec le Régent[1], il arrête la guerre ; les troupes illyriennes[2] attendent gentiment que les Russes viennent les désarmer ; si nous rompons les pourparlers, il sait qu'il est perdu et il se battra comme un chien enragé ; des centaines de milliers d'hommes y laisseront leur peau. Qu'en dis-tu ? *(Un silence.)* Hein ? Qu'en dis-tu ? Peux-tu rayer cent mille hommes d'un trait de plume ?

HUGO, *péniblement.*

On ne fait pas la Révolution avec des fleurs. S'ils doivent y rester...

HOEDERER

Eh bien ?

HUGO

Eh bien, tant pis !

HOEDERER

Tu vois ! tu vois bien ! Tu n'aimes pas les hommes, Hugo. Tu n'aimes que les principes.

Lectures croisées

HUGO

Les hommes ? Pourquoi les aimerais-je ? Est-ce qu'ils m'aiment ?

HOEDERER

Alors pourquoi es-tu venu chez nous ? Si on n'aime pas les hommes on ne peut pas lutter pour eux.

HUGO

Je suis entré au Parti parce que sa cause est juste et j'en sortirai quand elle cessera de l'être. Quant aux hommes, ce n'est pas ce qu'ils sont qui m'intéresse mais ce qu'ils pourront devenir.

HOEDERER

Et moi, je les aime pour ce qu'ils sont. Avec toutes leurs saloperies et tous leurs vices. J'aime leurs voix et leurs mains chaudes qui prennent et leur peau, la plus nue de toutes les peaux, et leur regard inquiet et la lutte désespérée qu'ils mènent chacun à son tour contre la mort et contre l'angoisse. Pour moi, ça compte un homme de plus ou de moins dans le monde. C'est précieux. Toi, je te connais bien, mon petit, tu es un destructeur. Les hommes, tu les détestes parce que tu te détestes toi-même ; ta pureté ressemble à la mort et la Révolution dont tu rêves n'est pas la nôtre : tu ne veux pas changer le monde, tu veux le faire sauter.

HUGO

Hoederer !

HOEDERER

Ce n'est pas ta faute : vous êtes tous pareils. Un intellectuel, ça n'est pas un vrai révolutionnaire : c'est tout juste bon à faire un assassin.

HUGO

Un assassin. Oui !

Jean-Paul Sartre, *Les Mains sales*, extrait de la scène III du cinquième tableau, Gallimard, 1948.

1. Régent : personne qui assure l'intérim du pouvoir pendant la minorité d'un roi ; dirigeant de l'Illyrie, pays imaginaire d'Europe centrale où est située l'action des *Mains sales* et dont le nom est emprunté par Sartre à l'ancien nom de la partie Nord des Balkans (qui correspond aujourd'hui à la Croatie, la Slovénie et l'Albanie).
2. illyriennes : de l'Illyrie.

Lectures croisées

Document : Honoré Daumier, « Dernier Conseil des ex-ministres »
Cette lithographie a paru le 9 mars 1848 dans le journal Le Charivari. *Honoré Daumier y caricature les ministres de Louis-Philippe affolés par l'apparition subite de la figure allégorique* de la République et qui se lèvent pour fuir.*

* Cf. Lexique

Travaux d'écriture

> **Corpus**
>
> **Texte A :** Scène 7 de l'acte III d'*Ubu Roi* d'Alfred Jarry (pp. 60-62).
> **Texte B :** Extrait de la scène 2 de l'acte III de *Ruy Blas* de Victor Hugo (pp. 65-67).
> **Texte C :** Extrait de la scène 13 de l'acte I du *Candidat* de Gustave Flaubert (pp. 67-69).
> **Texte D :** Extrait de la scène III du cinquième tableau des *Mains sales* de Jean-Paul Sartre (pp. 69-71).
> **Document :** « Dernier Conseil des ex-ministres » par Honoré Daumier (p. 72).

Examen des textes et de l'image

❶ En vous appuyant sur des éléments précis, identifiez parmi les textes du corpus ceux qui relèvent du registre satirique* et ceux qui relèvent du registre polémique*.

❷ Quel est le sens des premiers mots de l'extrait de *Ruy Blas* (texte B) ? En quoi cette phrase est-elle particulièrement critique ?

❸ Peut-on dire que les textes d'Hugo (texte B) et de Sartre (texte D) contiennent une dimension tragique ?

❹ Dans quel genre théâtral pourrait-on classer chacun des quatre textes du corpus ? Répondez en vous appuyant sur l'analyse de faits précis.

❺ De quoi Hugo et Hoederer sont-ils les représentants (texte D) ?

❻ En quoi Hugo et Hoederer s'opposent-ils (texte D) ? Ce débat est-il encore d'actualité ?

❼ Quelles images de la politique et du pouvoir politique proposent les quatre textes ? Laquelle vous semble la plus convaincante et pourquoi ?

❽ En quoi cette caricature de Daumier pourrait-elle faire penser à une scène d'*Ubu Roi* et laquelle ?

❾ Expliquez en quoi ce document critique la politique.

* Cf. Lexique.

Travaux d'écriture

Travaux d'écriture

Question préliminaire
Quelles images et quelle représentation de la politique les différents textes du groupement proposent-ils ?

Commentaire
Vous ferez le commentaire composé de l'extrait de *Ruy Blas* de Victor Hugo (texte B).

Dissertation
Selon vous, le théâtre peut-il avoir pour fonction de représenter les débats politiques ?
Vous répondrez à cette question en vous appuyant sur les textes du corpus, vos lectures personnelles et les mises en scène auxquelles vous avez assisté.

Écriture d'invention
Imaginez un dialogue entre Ruy Blas et le roi d'Espagne, qui vient d'entendre la scène donnée ici en extrait (texte B).

Acte III, scène 8 (handwritten)

Scène 8

Le camp sous Varsovie.

SOLDATS *et* PALOTINS. Vive la Pologne ! Vive le Père Ubu !

PÈRE UBU. Ah ! Mère Ubu, donne-moi ma cuirasse et mon petit bout de bois. Je vais être bientôt tellement chargé que je ne saurais marcher si j'étais poursuivi.

MÈRE UBU. Fi, le lâche.

PÈRE UBU. Ah ! voilà le sabre à merdre qui se sauve et le croc à finances qui ne tient pas !!! Je n'en finirai jamais, et les Russes avancent et vont me tuer.

UN SOLDAT. Seigneur Ubu, voilà le ciseau à oneilles qui tombe.

PÈRE UBU. Ji tou tue au moyen du croc à merdre et du couteau à figure.

MÈRE UBU. Comme il est beau avec son casque et sa cuirasse, on dirait une citrouille armée.

PÈRE UBU. Ah ! maintenant, je vais monter à cheval. Amenez, messieurs, le cheval à phynances.

MÈRE UBU. Père Ubu, ton cheval ne saurait plus te porter, il n'a rien mangé depuis cinq jours et est presque mort.

PÈRE UBU. Elle est bonne celle-là ! On me fait payer 12 sous par jour pour cette rosse[1] et elle ne me peut porter. Vous vous fichez, corne d'Ubu, ou bien si vous me volez ? *(La Mère Ubu rougit et baisse les yeux.)* Alors, que l'on m'apporte une autre bête, mais je n'irai pas à pied, cornegidouille !

note

1. **rosse :** mauvais cheval.

On amène un énorme cheval.

PÈRE UBU. Je vais monter dessus. Oh ! assis plutôt ! car je vais tomber. *(Le cheval part.)* Ah ! arrêtez ma bête, grand Dieu, je vais tomber et être mort !!!

MÈRE UBU. Il est vraiment imbécile. Ah ! le voilà relevé. Mais il est tombé par terre.

PÈRE UBU. Corne physique, je suis à moitié mort ! Mais c'est égal, je pars en guerre et je tuerai tout le monde. Gare à qui ne marchera pas droit. Ji lon mets[1] dans ma poche avec torsion du nez et des dents et extraction de la langue.

MÈRE UBU. Bonne chance, monsieur Ubu.

PÈRE UBU. J'oubliais de te dire que je te confie la régence[2]. Mais j'ai sur moi le livre des finances, tant pis pour toi si tu me voles. Je te laisse pour t'aider le Palotin Giron. Adieu, Mère Ubu.

MÈRE UBU. Adieu, Père Ubu. Tue bien le czar.

PÈRE UBU. Pour sûr. Torsion du nez et des dents, extraction de la langue et enfoncement du petit bout de bois dans les oneilles.

L'armée s'éloigne au bruit des fanfares.

MÈRE UBU, *seule*. Maintenant que ce gros pantin est parti, tâchons de faire nos affaires, tuer Bougrelas et nous emparer du trésor.

Fin du troisième acte.

---

notes

1. Ji lon mets : forme étrange qu'Ubu emploie à deux reprises, uniquement quand il s'agit de mettre dans la poche.

2. régence : période où le régent (ici, la régente) est chargé(e) de gérer le royaume en l'absence du roi ou lorsque celui-ci n'est pas en âge de gouverner.

Acte IV

Scène première

La crypte des anciens rois de Pologne dans la cathédrale de Varsovie.[1]

MÈRE UBU. Où donc est ce trésor ? Aucune dalle ne sonne creux. J'ai pourtant bien compté treize pierres après le tombeau de Ladislas le Grand en allant le long du mur, et il n'y a rien. Il faut qu'on m'ait trompée. Voilà cependant : ici la pierre sonne creux. À l'œuvre, Mère Ubu. Courage, descellons cette pierre. Elle tient bon. Prenons ce bout de croc à finances qui fera encore son office. Voilà ! Voilà l'or au milieu des ossements des rois. Dans notre sac, alors, tout ! Eh ! quel est ce bruit ? Dans ces vieilles voûtes y aurait-il encore des vivants ? Non, ce n'est rien, hâtons-nous. Prenons tout. Cet argent sera mieux à la face du

---

note

1. Jarry semble faire directement référence à Victor Hugo, qui situe l'action de l'acte IV d'*Hernani* (1830) dans les *« caveaux qui renferment le tombeau de Charlemagne »*.

Ubu Roi

jour qu'au milieu des tombeaux des anciens princes. Remettons la pierre. Eh quoi ! toujours ce bruit. Ma présence en ces lieux me cause une étrange frayeur. Je prendrai le reste de cet or une autre fois, je reviendrai demain.

UNE VOIX, *sortant du tombeau de Jean Sigismond*[1]. Jamais, Mère Ubu !

La Mère Ubu se sauve affolée, emportant l'or volé par la porte secrète.

Scène 2

BOUGRELAS *et* SES PARTISANS,
PEUPLE *et* SOLDATS.

La place de Varsovie.

BOUGRELAS. En avant, mes amis ! Vive Venceslas et la Pologne ! le vieux gredin de Père Ubu est parti, il ne reste plus que la sorcière de Mère Ubu avec son Palotin. Je m'offre à marcher à votre tête et à rétablir la race de mes pères.

TOUS. Vive Bougrelas !

BOUGRELAS. Et nous supprimerons tous les impôts établis par l'affreux Père Ubu.

TOUS. Hurrah ! en avant ! Courons au palais et massacrons cette engeance[2].

BOUGRELAS. Eh ! voilà la Mère Ubu qui sort avec ses gardes sur le perron !

MÈRE UBU. Que voulez-vous, messieurs ? Ah ! c'est Bougrelas.

La foule lance des pierres.

---

notes

1. Jean Sigismond : nom d'un roi de Hongrie, d'un prince de Transylvanie et d'un grand électeur de Brandebourg au XVIe siècle.

2. engeance : désigne une personne ou un ensemble de personnes méprisables.

Acte IV, scène 3

PREMIER GARDE. Tous les carreaux sont cassés.

DEUXIÈME GARDE. Saint Georges, me voilà assommé.

TROISIÈME GARDE. Cornebleu, je meurs.

BOUGRELAS. Lancez des pierres, mes amis.

LE PALOTIN GIRON. Hon ! C'est ainsi ! *(Il dégaine et se précipite, faisant un carnage épouvantable.)*

BOUGRELAS. À nous deux ! Défends-toi, lâche pistolet[1].

Ils se battent.

GIRON. Je suis mort !

BOUGRELAS. Victoire, mes amis ! Sus[2] à la Mère Ubu !

On entend des trompettes.

BOUGRELAS. Ah ! voilà les Nobles qui arrivent. Courons, attrapons la mauvaise harpie[3] !

TOUS. En attendant que nous étranglions le vieux bandit !

La Mère Ubu se sauve poursuivie par tous les Polonais. Coups de fusil et grêle de pierres.

Scène 3

L'armée polonaise en marche dans l'Ukraine.

PÈRE UBU. Cornebleu, jambedieu, tête de vache ! nous allons périr, car nous[4] mourons de soif et sommes fatigué. Sire Soldat,

---

notes

1. pistolet : individu bizarre.
2. Sus : se dit lorsqu'on part à l'assaut (ex. : « Sus à l'ennemi ! »).
3. harpie : femme méchante et avide (en référence aux griffes acérées de la Harpie, monstre mi-femme, mi-oiseau de la mythologie grecque).
4. « Nous de majesté » qui ne désigne qu'Ubu.

ayez l'obligeance de porter notre casque à finances, et vous, sire Lancier[1], chargez-vous du ciseau à merdre et du bâton à physique pour soulager notre personne, car, je le répète, nous sommes fatigué.

Les soldats obéissent.

PILE. Hon ! Monsieuye[2] ! Il est étonnant que les Russes n'apparaissent point.

PÈRE UBU. Il est regrettable que l'état de nos finances ne nous permette pas d'avoir une voiture à notre taille ; car, par crainte de démolir notre monture, nous avons fait tout le chemin à pied, traînant notre cheval par la bride. Mais quand nous serons de retour en Pologne, nous imaginerons, au moyen de notre science en physique et aidé des lumières de nos conseillers, une voiture à vent pour transporter toute l'armée.

COTICE. Voilà Nicolas Rensky qui se précipite.

PÈRE UBU. Et qu'a-t-il, ce garçon ?

RENSKY. Tout est perdu. Sire, les Polonais sont révoltés, Giron est tué et la Mère Ubu est en fuite dans les montagnes.

PÈRE UBU. Oiseau de nuit, bête de malheur, hibou à guêtres[3] ! Où as-tu pêché ces sornettes ? En voilà d'une autre ! Et qui a fait ça ? Bougrelas, je parie. D'où viens-tu ?

RENSKY. De Varsovie, noble Seigneur.

PÈRE UBU. Garçon de ma merdre, si je t'en croyais je ferais rebrousser chemin à toute l'armée. Mais, seigneur garçon, il y a sur tes épaules plus de plumes que de cervelle et tu as rêvé des

---

notes

1. **Lancier** : cavalier armé d'une lance.
2. **Monsieuye** : déformation de *monsieur* ; les Palotins s'expriment le plus souvent dans une langue archaïsante.
3. **guêtres** : morceaux de tissu qui recouvraient le haut des chaussures et le bas des jambes.

Acte IV, scène 3

sottises. Va aux avant-postes, mon garçon, les Russes ne sont pas loin et nous aurons bientôt à estocader[1] de nos armes, tant à merdre qu'à phynances et à physique.

LE GÉNÉRAL LASCY. Père Ubu, ne voyez-vous pas dans la plaine les Russes ?

PÈRE UBU. C'est vrai, les Russes ! Me voilà joli. Si encore il y avait moyen de s'en aller, mais pas du tout, nous sommes sur une hauteur et nous serons en butte à tous les coups.

L'ARMÉE. Les Russes ! L'ennemi !

PÈRE UBU. Allons, messieurs, prenons nos dispositions pour la bataille. Nous allons rester sur la colline et ne commettrons point la sottise de descendre en bas. Je me tiendrai au milieu comme une citadelle vivante et vous autres graviterez autour de moi. J'ai à vous recommander de mettre dans les fusils autant de balles qu'ils en pourront tenir, car 8 balles peuvent tuer 8 Russes et c'est autant que je n'aurai pas sur le dos. Nous mettrons les fantassins à pied au bas de la colline pour recevoir les Russes et les tuer un peu, les cavaliers derrière pour se jeter dans la confusion, et l'artillerie autour du moulin à vent ici présent pour tirer dans le tas. Quant à nous, nous nous tiendrons dans le moulin à vent et tirerons avec le pistolet à phynances par la fenêtre, en travers de la porte nous placerons le bâton à physique, et si quelqu'un essaye d'entrer, gare au croc à merdre !!!

OFFICIERS. Vos ordres, Sire Ubu, seront exécutés.

PÈRE UBU. Eh ! cela va bien, nous serons vainqueurs. Quelle heure est-il ?

LE GÉNÉRAL LASCY. Onze heures du matin.

---

note

1. estocader : néologisme pour *porter l'estocade* (coup d'épée par lequel le toréro achève le taureau dans une corrida).

Ubu Roi

105 **Père Ubu.** Alors, nous allons dîner, car les Russes n'attaqueront pas avant midi. Dites aux soldats, Seigneur Général, de faire leurs besoins[1] et d'entonner la Chanson à Finances.

Lascy s'en va.

Soldats *et* **Palotins.** Vive le Père Ubu, notre grand Financier !
110 Ting, ting, ting ; ting, ting, ting ; ting, ting, tating !

Père Ubu. Ô les braves gens, je les adore. *(Un boulet russe arrive et casse l'aile du moulin.)* Ah ! j'ai peur, Sire Dieu, je suis mort ! et cependant non, je n'ai rien.

Scène 4

Les mêmes, un Capitaine, *puis* l'Armée russe.

Un Capitaine, *arrivant*. Sire Ubu, les Russes attaquent.

115 **Père Ubu.** Eh bien, après, que veux-tu que j'y fasse ? Ce n'est pas moi qui le leur ai dit. Cependant, Messieurs des Finances, préparons-nous au combat.

Le général Lascy. Un second boulet.

Père Ubu. Ah ! je n'y tiens plus. Ici il pleut du plomb et du fer
120 et nous pourrions endommager notre précieuse personne. Descendons. *(Tous descendent au pas de course. La bataille vient de s'engager. Ils disparaissent dans des torrents de fumée au pied de la colline.)*

Un Russe, *frappant*. Pour Dieu et le Czar !

125 **Rensky.** Ah ! je suis mort.

---

1. faire leurs besoins : cette notation scatologique trouve sa raison d'être dans la bataille de Valmy (1792), où, après plusieurs journées de combat, les troupes de la Révolution française, postées sur une colline, durent leur victoire à leur vaillance et à la dysenterie qui décima l'armée prussienne.

Acte IV, scène 4

Père Ubu. En avant ! Ah, toi, Monsieur, que je t'attrape, car tu m'as fait mal, entends-tu ? sac à vin ! avec ton flingot[1] qui ne part pas.

Le Russe. Ah ! voyez-vous ça. *(Il lui tire un coup de revolver.)*

Père Ubu. Ah ! Oh ! Je suis blessé, je suis troué, je suis perforé, je suis administré[2], je suis enterré. Oh, mais tout de même ! Ah ! je le tiens. *(Il le déchire.)* Tiens ! recommenceras-tu, maintenant !

Le général Lascy. En avant, poussons vigoureusement, passons le fossé. La victoire est à nous.

Père Ubu. Tu crois ? Jusqu'ici je sens sur mon front plus de bosses que de lauriers.

Cavaliers russes. Hurrah ! Place au Czar !

Le Czar arrive, accompagné de Bordure déguisé.

Un Polonais. Ah ! Seigneur ! Sauve qui peut, voilà le Czar !

Un Autre. Ah ! mon Dieu ! il passe le fossé.

Un Autre. Pif ! Paf ! en voilà quatre d'assommés par ce grand bougre de lieutenant.

Bordure. Ah ! vous n'avez pas fini, vous autres ! Tiens, Jean Sobiesky, voilà ton compte ! *(Il l'assomme.)* À d'autres, maintenant ! *(Il fait un massacre de Polonais.)*

Père Ubu. En avant, mes amis ! Attrapez ce bélître[3] ! En compote les Moscovites ! La victoire est à nous. Vive l'Aigle Rouge[4] !

notes

1. flingot : autre forme pour le mot *flingue* (« fusil »).
2. administré : *administrer (l'extrême-onction)* est un terme religieux correspondant au dernier sacrement, à la mort d'une personne ; *administrer (une punition)* signifie « frapper en punition ». Dans les deux cas, la forme passive « je suis administré », qui signifierait à la fois « je suis mort » et « je suis roué de coups », est une invention de Jarry.
3. bélître : mot injurieux, aujourd'hui vieilli, qui désigne « un homme sans valeur », « un gueux ».
4. On se souvient qu'Ubu a été décoré de l'ordre de l'Aigle Rouge de Pologne par Venceslas, dont il a pris la place.

Tous. En avant ! Hurrah ! Jambedieu ! Attrapez le grand bougre.

Bordure. Par saint Georges, je suis tombé.

Père Ubu, *le reconnaissant.* Ah ! c'est toi, Bordure ! Ah ! mon ami. Nous sommes bien heureux ainsi que toute la compagnie de te retrouver. Je vais te faire cuire à petit feu. Messieurs des Finances, allumez du feu. Oh ! Ah ! Oh ! Je suis mort. C'est au moins un coup de canon que j'ai reçu. Ah ! mon Dieu, pardonnez-moi mes péchés. Oui, c'est bien un coup de canon.

Bordure. C'est un coup de pistolet chargé à poudre.

Père Ubu. Ah ! tu te moques de moi ! Encore ! À la poche ! *(Il se rue sur lui et le déchire.)*

Le général Lascy. Père Ubu, nous avançons partout.

Père Ubu. Je le vois bien. Je n'en peux plus, je suis criblé de coups de pied, je voudrais m'asseoir par terre. Oh ! ma bouteille.

Le général Lascy. Allez prendre celle du Czar, Père Ubu.

Père Ubu. Eh ! J'y vais de ce pas. Allons ! Sabre à merdre, fais ton office, et toi, croc à finances, ne reste pas en arrière. Que le bâton à physique travaille d'une généreuse émulation et partage avec le petit bout de bois l'honneur de massacrer, creuser et exploiter l'Empereur moscovite. En avant, Monsieur notre cheval à finances ! *(Il se rue sur le Czar.)*

Un Officier russe. En garde, Majesté !

Père Ubu. Tiens, toi ! Oh ! aïe ! Ah ! mais tout de même. Ah ! monsieur, pardon, laissez-moi tranquille. Oh ! mais, je n'ai pas fait exprès !

Il se sauve, le Czar le poursuit.

Acte IV, scène 4

Père Ubu. Sainte Vierge, cet enragé me poursuit ! Qu'ai-je fait, grand Dieu ! Ah ! bon, il y a encore le fossé à repasser. Ah ! je le sens derrière moi et le fossé devant ! Courage, fermons les yeux !

Il saute le fossé. Le Czar y tombe.

Le Czar. Bon, je suis dedans !

Polonais. Hurrah ! le Czar est à bas !

Père Ubu. Ah ! j'ose à peine me retourner ! Il est dedans. Ah ! c'est bien fait et on tape dessus. Allons, Polonais, allez-y à tour de bras, il a bon dos le misérable ! Moi je n'ose pas le regarder ! Et cependant notre prédiction s'est complètement réalisée, le bâton à physique a fait merveille et nul doute que je ne l'eusse complètement tué si une inexplicable terreur n'était venue combattre et annuler en nous les effets de notre courage. Mais nous avons dû soudainement tourner casaque[1], et nous n'avons dû notre salut qu'à notre habileté comme cavalier ainsi qu'à la solidité des jarrets de notre cheval à finances, dont la rapidité n'a d'égale que la solidité et dont la légèreté fait la célébrité, ainsi qu'à la profondeur du fossé qui s'est trouvé fort à propos sous les pas de l'ennemi de nous l'ici présent Maître des Phynances. Tout ceci est fort beau, mais personne ne m'écoute. Allons ! bon, ça recommence !

Les Dragons russes font une charge et délivrent le Czar.

Le général Lascy. Cette fois, c'est la débandade.

Père Ubu. Ah ! voici l'occasion de se tirer des pieds[2]. Or donc, Messieurs les Polonais, en avant ! ou plutôt en arrière !

Polonais. Sauve qui peut !

---

notes

1. **tourner casaque** : faire demi-tour, s'enfuir.
2. **se tirer des pieds** : s'enfuir à toutes jambes (expression à l'origine du familier *se tirer*).

PÈRE UBU. Allons ! en route. Quel tas de gens, quelle fuite, quelle multitude, comment me tirer de ce gâchis ? *(Il est bousculé.)* Ah ! mais toi ! fais attention, ou tu vas expérimenter la bouillante valeur du Maître des Finances. Ah ! il est parti, sauvons-nous et vivement pendant que Lascy ne nous voit pas. *(Il sort, ensuite on voit passer le Czar et l'Armée russe poursuivant les Polonais.)*

Scène 5

PÈRE UBU, PILE, COTICE

Une caverne en Lithuanie (il neige).

PÈRE UBU. Ah ! le chien de temps, il gèle à pierre fendre et la personne du Maître des Finances s'en trouve fort endommagée.

PILE. Hon ! Monsieuye Ubu, êtes-vous remis de votre terreur et de votre fuite ?

PÈRE UBU. Oui ! Je n'ai plus peur, mais j'ai encore la fuite.

COTICE, *à part.* Quel pourceau.

PÈRE UBU. Eh ! Sire Cotice, votre oneille, comment va-t-elle ?

COTICE. Aussi bien, Monsieuye, qu'elle peut aller tout en allant très mal. Par conséiquent de quoye, le plomb la penche vers la terre et je n'ai pu extraire la balle.

PÈRE UBU. Tiens, c'est bien fait ! Toi, aussi, tu voulais toujours taper les autres. Moi j'ai déployé la plus grande valeur, et sans m'exposer j'ai massacré quatre ennemis de ma propre main, sans compter tous ceux qui étaient déjà morts et que nous avons achevés.

COTICE. Savez-vous, Pile, ce qu'est devenu le petit Rensky ?

PILE. Il a reçu une balle dans la tête.

Acte IV, scène 6

PÈRE UBU. Ainsi que le coquelicot et le pissenlit à la fleur de leur âge sont fauchés par l'impitoyable faux de l'impitoyable faucheur qui fauche impitoyablement leur pitoyable binette[1], – ainsi le petit Rensky a fait le coquelicot, il s'est fort bien battu cependant, mais aussi il y avait trop de Russes.

PILE *et* COTICE. Hon, Monsieuye !

UN ÉCHO. Hhrron !

PILE. Qu'est-ce ? Armons-nous de nos lumelles[2].

PÈRE UBU. Ah, non ! par exemple, encore des Russes, je parie ! J'en ai assez ! et puis c'est bien simple, s'ils m'attrapent ji lon fous à la poche.

Scène 6

LES MÊMES, *entre un* OURS.[3]

COTICE. Hon, Monsieuye des Finances !

PÈRE UBU. Oh ! tiens, regardez donc le petit toutou. Il est gentil, ma foi.

PILE. Prenez garde ! Ah ! quel énorme ours : mes cartouches !

PÈRE UBU. Un ours ! Ah ! l'atroce bête. Oh ! pauvre homme, me voilà mangé. Que Dieu me protège. Et il vient sur moi. Non, c'est Cotice qu'il attrape. Ah ! je respire. (*L'Ours se jette sur Cotice. Pile l'attaque à coups de couteau. Ubu se réfugie sur un rocher.*)

COTICE. À moi, Pile ! à moi ! au secours, Monsieuye Ubu !

---

notes

1. binette : visage (sens familier).
2. lumelles : chez Jarry comme chez Rabelais, signifie « lames ».
3. Jarry s'inspire ici très directement de *La Princesse d'Élide* (1664), une des pièces les moins connues de Molière, où Moron, personnage particulièrement lâche, se fait, comme Ubu, un bouclier de ses camarades ; cela ne l'empêchera pas de tomber, un peu plus loin, nez à nez avec un ours énorme.

Père Ubu. Bernique ![1] Débrouille-toi, mon ami ; pour le moment, nous faisons notre Pater Noster[2]. Chacun son tour d'être mangé.

Pile. Je l'ai, je le tiens.

Cotice. Ferme, ami, il commence à me lâcher.

Père Ubu. *Sanctificetur nomen tuum.*

Cotice. Lâche bougre !

Pile. Ah ! il me mord ! Ô Seigneur, sauvez-nous, je suis mort.

Père Ubu. *Fiat voluntas tua.*

Cotice. Ah ! j'ai réussi à le blesser.

Pile. Hurrah ! il perd son sang. *(Au milieu des cris des Palotins, l'Ours beugle de douleur et Ubu continue à marmotter.)*

Cotice. Tiens-le ferme, que j'attrape mon coup-de-poing explosif.

Père Ubu. *Panem nostrum quotidianum da nobis hodie.*

Pile. L'as-tu enfin, je n'en peux plus.

Père Ubu. *Sicut et nos dimittimus debitoribus nostris.*

Cotice. Ah ! je l'ai. *(Une explosion retentit et l'Ours tombe mort.)*

Pile *et* Cotice. Victoire !

Père Ubu. *Sed libera nos a malo. Amen.* Enfin, est-il bien mort ? Puis-je descendre de mon rocher ?

Pile, *avec mépris.* Tant que vous voudrez.

notes

1. Bernique ! : interjection exprimant ici le refus.
2. Pater Noster : en latin, « Notre Père », prière chrétienne qu'Ubu récite en partie dans les répliques suivantes (en italique) : « *Que Ton nom soit sanctifié. / Que Ta volonté soit faite. / Donne-nous aujourd'hui notre pain de ce jour. / Pardonne-nous nos offenses. / Mais délivre-nous du mal. Amen.* »

Acte IV, scène 6

Père Ubu, *descendant*. Vous pouvez vous flatter que si vous êtes encore vivants et si vous foulez encore la neige de Lithuanie, vous le devez à la vertu magnanime[1] du Maître des Finances, qui s'est évertué, échiné et égosillé à débiter des patenôtres[2] pour votre salut, et qui a manié avec autant de courage le glaive spirituel de la prière que vous avez manié avec adresse le temporel de l'ici présent Palotin Cotice coup-de-poing explosif. Nous avons même poussé plus loin notre dévouement, car nous n'avons pas hésité à monter sur un rocher fort haut pour que nos prières aient moins loin à arriver au ciel.

Pile. Révoltante bourrique.

Père Ubu. Voici une grosse bête. Grâce à moi, vous avez de quoi souper. Quel ventre, messieurs ! Les Grecs y auraient été plus à l'aise que dans le cheval de bois[3], et peu s'en est fallu, chers amis, que nous n'ayons pu aller vérifier de nos propres yeux sa capacité intérieure.

Pile. Je meurs de faim. Que manger ?

Cotice. L'ours !

Père Ubu. Eh ! pauvres gens, allez-vous le manger tout cru ? Nous n'avons rien pour faire du feu.

Pile. N'avons-nous pas nos pierres à fusil[4] ?

Père Ubu. Tiens, c'est vrai. Et puis, il me semble que voilà non loin d'ici un petit bois où il doit y avoir des branches sèches. Va en chercher, Sire Cotice. *(Cotice s'éloigne à travers la neige.)*

Pile. Et maintenant, Sire Ubu, allez dépecer l'ours.

---

notes

1. magnanime : généreux, bienveillant envers les vaincus.
2. patenôtres : prières. Le mot vient de *Pater Noster*, « Notre Père ».
3. cheval de bois : référence au fameux cheval de Troie dans lequel les guerriers grecs se dissimulèrent pour pénétrer dans la ville de Troie (*cf.* l'*Iliade* d'Homère).
4. La pierre à fusil servait à produire l'étincelle qui permettait au fusil de fonctionner.

PÈRE UBU. Oh non ! Il n'est peut-être pas mort. Tandis que toi, qui es déjà à moitié mangé et mordu de toutes parts, c'est tout à fait dans ton rôle. Je vais allumer du feu en attendant qu'il apporte du bois. *(Pile commence à dépecer l'ours.)*

PÈRE UBU. Oh ! prends garde ! il a bougé.

PILE. Mais, Sire Ubu, il est déjà tout froid.

PÈRE UBU. C'est dommage, il aurait mieux valu le manger chaud. Ceci va procurer une indigestion au Maître des Finances.

PILE, *à part*. C'est révoltant. *(Haut.)* Aidez-nous un peu, Monsieur Ubu, je ne puis faire toute la besogne.

PÈRE UBU. Non, je ne veux rien faire, moi ! Je suis fatigué, bien sûr !

COTICE, *rentrant*. Quelle neige, mes amis, on se dirait en Castille ou au pôle Nord[1]. La nuit commence à tomber. Dans une heure il fera noir. Hâtons-nous pour voir encore clair.

PÈRE UBU. Oui, entends-tu, Pile ? hâte-toi. Hâtez-vous tous les deux ! Embrochez la bête, cuisez la bête, j'ai faim, moi !

PILE. Ah, c'est trop fort, à la fin ! Il faudra travailler ou bien tu n'auras rien, entends-tu, goinfre !

PÈRE UBU. Oh ! ça m'est égal, j'aime autant le manger tout cru, c'est vous qui serez bien attrapés. Et puis j'ai sommeil, moi !

COTICE. Que voulez-vous, Pile ? Faisons le dîner tout seuls. Il n'en aura pas, voilà tout. Ou bien on pourra lui donner les os.

PILE. C'est bien. Ah, voilà le feu qui flambe.

---

note

[1]. La géographie de la pièce est pour le moins fantaisiste.

Acte IV, scène 7

Père Ubu. Oh ! c'est bon, ça, il fait chaud maintenant. Mais je vois des Russes partout. Quelle fuite, grand Dieu ! Ah ! *(Il tombe endormi.)*

Cotice. Je voudrais savoir si ce que disait Rensky est vrai, si la Mère Ubu est vraiment détrônée. Ça n'aurait rien d'impossible.

Pile. Finissons de faire le souper.

Cotice. Non, nous avons à parler de choses plus importantes. Je pense qu'il serait bon de nous enquérir de la véracité de ces nouvelles.

Pile. C'est vrai, faut-il abandonner le Père Ubu ou rester avec lui ?

Cotice. La nuit porte conseil. Dormons, nous verrons demain ce qu'il faut faire.

Pile. Non, il vaut mieux profiter de la nuit pour nous en aller.

Cotice. Partons, alors.

Ils partent.

Scène 7

Ubu *parle en dormant*. Ah ! Sire Dragon russe, faites attention, ne tirez pas par ici, il y a du monde. Ah ! voilà Bordure, qu'il est mauvais, on dirait un ours[1]. Et Bougrelas qui vient sur moi ! L'ours, l'ours ! Ah ! le voilà à bas ! qu'il est dur, grand Dieu ! Je ne veux rien faire, moi ! Va-t'en, Bougrelas ! Entends-tu, drôle ? Voilà Rensky maintenant, et le Czar ! Oh ! ils vont me battre. Et la Rbue[2]. Où as-tu pris tout cet or ? Tu m'as pris mon

---

notes

[1]. L'Ours et Bordure devaient initialement être interprétés par le même acteur. | [2]. **Rbue** : raccourci pour « Mère Ubu » qui, tout en la désignant, l'assimile à un rebut.

or, misérable, tu as été farfouiller dans mon tombeau qui est dans la cathédrale de Varsovie, près de la Lune. Je suis mort depuis longtemps, moi, c'est Bougrelas qui m'a tué et je suis enterré à Varsovie près de Vladislas le Grand, et aussi à Cracovie près de Jean Sigismond, et aussi à Thorn dans la casemate avec Bordure ! Le voilà encore. Mais va-t'en, maudit ours. Tu ressembles à Bordure. Entends-tu, bête de Satan ? Non, il n'entend pas, les Salopins lui ont coupé les oneilles. Décervelez, tudez[1], coupez les oneilles, arrachez les finances et buvez jusqu'à la mort, c'est la vie des Salopins, c'est le bonheur du Maître des Finances. *(Il se tait et dort.)*

Fin du quatrième acte.

---

note

1. tudez : encore un mot propre à Ubu, qu'il emploie pour « tuez » et qui sans doute vient du provençal *tudar*.

Acte V

Scène première

Il fait nuit. Le Père Ubu dort.
Entre la Mère Ubu sans le voir.
L'obscurité est complète.

MÈRE UBU. Enfin, me voilà à l'abri. Je suis seule ici, ce n'est pas dommage, mais quelle course effrénée : traverser toute la Pologne en quatre jours ! Tous les malheurs m'ont assaillie à la fois. Aussitôt partie cette grosse bourrique, je vais à la crypte
5 m'enrichir. Bientôt après je manque d'être lapidée par ce Bougrelas et ces enragés. Je perds mon cavalier le Palotin Giron qui était si amoureux de mes attraits qu'il se pâmait d'aise[1] en

---

note

1. se pâmait d'aise : était comme paralysé de contentement à la vue de la très agréable Mère Ubu.

me voyant, et même, m'a-t-on assuré, en ne me voyant pas, ce qui est le comble de la tendresse. Il se serait fait couper en deux pour moi, le pauvre garçon. La preuve, c'est qu'il a été coupé en quatre par Bougrelas. Pif paf pan ! Ah ! je pense mourir. Ensuite donc je prends la fuite poursuivie par la foule en fureur. Je quitte le palais, j'arrive à la Vistule, tous les ponts étaient gardés. Je passe le fleuve à la nage, espérant ainsi lasser mes persécuteurs. De tous côtés la noblesse se rassemble et me poursuit. Je manque mille fois périr, étouffée dans un cercle de Polonais acharnés à me perdre. Enfin je trompai leur fureur, et après quatre jours de courses dans la neige de ce qui fut mon royaume j'arrive me réfugier ici. Je n'ai ni bu ni mangé ces quatre jours. Bougrelas me serrait de près... Enfin me voilà sauvée. Ah ! Je suis morte de fatigue et de froid. Mais je voudrais bien savoir ce qu'est devenu mon gros polichinelle[1], je veux dire mon très respectable époux. Lui en ai-je pris, de la finance. Lui en ai-je volé, des rixdales. Lui en ai-je tiré, des carottes[2]. Et son cheval à finances qui mourait de faim : il ne voyait pas souvent d'avoine, le pauvre diable. Ah ! la bonne histoire. Mais hélas ! j'ai perdu mon trésor ! Il est à Varsovie, ira le chercher qui voudra.

PÈRE UBU, *commençant à se réveiller*. Attrapez la Mère Ubu, coupez les oneilles !

MÈRE UBU. Ah ! Dieu ! où suis-je ? Je perds la tête. Ah ! non, Seigneur !

---

notes

1. polichinelle : personnage bossu de la *commedia dell'arte* ou marionnette ; par extension, personne ridicule ou difforme.
2. carottes : l'expression *tirer une carotte à quelqu'un* signifie « lui extorquer de l'argent ».

Acte V, scène 1

> *Grâce au Ciel j'entrevoi*
> *Monsieur le Père Ubu qui dort auprès de moi.*[1]

Faisons la gentille. Eh bien, mon gros bonhomme, as-tu bien dormi ?

PÈRE UBU. Fort mal ! Il était bien dur cet ours !
Combat des voraces contre les coriaces[2], mais les voraces ont complètement mangé et dévoré les coriaces comme vous le verrez quand il fera jour ; entendez-vous, nobles Palotins !

MÈRE UBU. Qu'est-ce qu'il bafouille ? Il est encore plus bête que quand il est parti. À qui en a-t-il ?

PÈRE UBU. Cotice, Pile, répondez-moi, sac à merdre ! Où êtes-vous ? Ah ! j'ai peur. Mais enfin on a parlé. Qui a parlé ? Ce n'est pas l'ours, je suppose. Merdre ! Où sont mes allumettes ? Ah ! je les ai perdues à la bataille.

MÈRE UBU, *à part.* Profitons de la situation et de la nuit, simulons une apparition surnaturelle et faisons-lui promettre de nous pardonner nos larcins.

PÈRE UBU. Mais, par saint Antoine ! on parle. Jambedieu ! Je veux être pendu !

MÈRE UBU, *grossissant sa voix.* Oui, monsieur Ubu, on parle, en effet, et la trompette de l'archange qui doit tirer les morts de la cendre et de la poussière finale ne parlerait pas autrement ! Écoutez cette voix sévère. C'est celle de saint Gabriel[3] qui ne peut donner que de bons conseils.

PÈRE UBU. Oh ! ça, en effet !

---

notes

1. Ces vers parodient *Andromaque* de Racine : « *Grâce au Ciel, j'entrevoi… / Dieux ! quels ruisseaux de sang coulent autour de moi !* » (acte V, scène 5, v. 1627-1628).
2. Jarry s'amuse : le combat antique des Horaces contre les Curiaces devient ici, par jeu de mots, celui « *des voraces contre les coriaces* ».

3. saint Gabriel : archange qui, dans le Nouveau Testament, annonce à la Vierge qu'elle portera le fils de Dieu. C'est lui qui, dans le Coran, révèle à Mahomet sa vocation de prophète.

Ubu Roi

MÈRE UBU. Ne m'interrompez pas ou je me tais et c'en sera fait de votre giborgne[1] !

PÈRE UBU. Ah ! ma gidouille ! Je me tais, je ne dis plus mot. Continuez, madame l'Apparition !

MÈRE UBU. Nous disions, monsieur Ubu, que vous étiez un gros bonhomme !

PÈRE UBU. Très gros, en effet, ceci est juste.

MÈRE UBU. Taisez-vous, de par Dieu !

PÈRE UBU. Oh ! les anges ne jurent pas !

MÈRE UBU, *à part*. Merdre ! *(Continuant.)* Vous êtes marié, monsieur Ubu.

PÈRE UBU. Parfaitement, à la dernière des chipies !

MÈRE UBU. Vous voulez dire que c'est une femme charmante.

PÈRE UBU. Une horreur. Elle a des griffes partout, on ne sait par où la prendre.

MÈRE UBU. Il faut la prendre par la douceur, sire Ubu, et si vous la prenez ainsi vous verrez qu'elle est au moins l'égale de la Vénus de Capoue[2].

PÈRE UBU. Qui dites-vous qui a des poux ?

MÈRE UBU. Vous n'écoutez pas, monsieur Ubu ; prêtez-nous une oreille plus attentive. *(À part.)* Mais hâtons-nous, le jour va se lever. Monsieur Ubu, votre femme est adorable et délicieuse, elle n'a pas un seul défaut.

PÈRE UBU. Vous vous trompez, il n'y a pas un défaut qu'elle ne possède.

---

notes

1. giborgne : encore un mot pour désigner « le ventre ».

2. Vénus de Capoue : célèbre statue de la déesse de l'Amour se trouvant au Musée archéologique de Naples.

Acte V, scène 1

MÈRE UBU. Silence donc ! Votre femme ne vous fait pas d'infidélités !

PÈRE UBU. Je voudrais bien voir qui pourrait être amoureux d'elle. C'est une harpie !

MÈRE UBU. Elle ne boit pas !

PÈRE UBU. Depuis que j'ai pris la clef de la cave. Avant, à sept heures du matin elle était ronde[1] et elle se parfumait à l'eau-de-vie. Maintenant qu'elle se parfume à l'héliotrope[2] elle ne sent pas plus mauvais. Ça m'est égal. Mais maintenant il n'y a plus que moi à être rond !

MÈRE UBU. Sot personnage ! – Votre femme ne vous prend pas votre or.

PÈRE UBU. Non, c'est drôle !

MÈRE UBU. Elle ne détourne pas un sou !

PÈRE UBU. Témoin monsieur notre noble et infortuné cheval à Phynances, qui, n'étant pas nourri depuis trois mois, a dû faire la campagne entière traîné par la bride à travers l'Ukraine. Aussi est-il mort à la tâche, la pauvre bête !

MÈRE UBU. Tout ceci sont[3] des mensonges, votre femme est un modèle et vous quel monstre vous faites !

PÈRE UBU. Tout ceci sont des vérités. Ma femme est une coquine et vous quelle andouille vous faites !

MÈRE UBU. Prenez garde, Père Ubu.

PÈRE UBU. Ah ! c'est vrai, j'oubliais à qui je parlais. Non, je n'ai pas dit ça !

notes

1. **ronde :** soûle (terme familier).
2. **héliotrope :** plante à fleurs odorantes ainsi appelée car elle se tourne vers le soleil (*hêlios* en grec).
3. **Tout ceci sont :** formulation étrange qui s'explique peut-être par la parenté phonique entre *ceci sont* et *saucisson*.

Ubu Roi

MÈRE UBU. Vous avez tué Venceslas.

PÈRE UBU. Ce n'est pas ma faute, moi, bien sûr. C'est la Mère Ubu qui a voulu.

MÈRE UBU. Vous avez fait mourir Boleslas et Ladislas.

PÈRE UBU. Tant pis pour eux ! Ils voulaient me taper !

MÈRE UBU. Vous n'avez pas tenu votre promesse envers Bordure et plus tard vous l'avez tué.

PÈRE UBU. J'aime mieux que ce soit moi que lui qui règne en Lithuanie. Pour le moment ça n'est ni l'un ni l'autre. Ainsi vous voyez que ça n'est pas moi.

MÈRE UBU. Vous n'avez qu'une manière de vous faire pardonner tous vos méfaits.

PÈRE UBU. Laquelle ? Je suis tout disposé à devenir un saint homme, je veux être évêque et voir mon nom sur le calendrier.

MÈRE UBU. Il faut pardonner à la Mère Ubu d'avoir détourné un peu d'argent.

PÈRE UBU. Eh bien, voilà ! Je lui pardonnerai quand elle m'aura rendu tout, qu'elle aura été bien rossée et qu'elle aura ressuscité mon cheval à finances.

MÈRE UBU. Il en est toqué de son cheval ! Ah ! je suis perdue, le jour se lève.

PÈRE UBU. Mais enfin je suis content de savoir maintenant assurément que ma chère épouse me volait. Je sais maintenant de source sûre. *Omnis a Deo scientia*, ce qui veut dire : *Omnis*, toute ; *a Deo*, science ; *scientia*, vient de Dieu[1]. Voilà l'explication du phénomène. Mais madame l'Apparition ne dit plus

---

note

1. La traduction ne correspond pas aux termes traduits, mais le résultat est malgré tout le bon.

Acte V, scène 1

rien. Que ne puis-je lui offrir de quoi se réconforter. Ce qu'elle disait était très amusant. Tiens, mais il fait jour ! Ah ! Seigneur, de par mon cheval à finances, c'est la Mère Ubu !

MÈRE UBU, *effrontément.* Ça n'est pas vrai, je vais vous excommunier.

PÈRE UBU. Ah ! charogne !

MÈRE UBU. Quelle impiété.

PÈRE UBU. Ah ! c'est trop fort. Je vois bien que c'est toi, sotte chipie ! Pourquoi diable es-tu ici ?

MÈRE UBU. Giron est mort et les Polonais m'ont chassée.

PÈRE UBU. Et moi, ce sont les Russes qui m'ont chassé : les beaux esprits se rencontrent.

MÈRE UBU. Dis donc qu'un bel esprit a rencontré une bourrique !

PÈRE UBU. Ah ! eh bien, il va rencontrer un palmipède[1] maintenant. *(Il lui jette l'ours.)*

MÈRE UBU, *tombant accablée sous le poids de l'ours.* Ah ! grand Dieu ! Quelle horreur ! Ah ! je meurs ! J'étouffe ! il me mord ! il m'avale ! il me digère !

PÈRE UBU. Il est mort ! grotesque. Oh ! mais, au fait, peut-être que non ! Ah ! Seigneur ! non, il n'est pas mort, sauvons-nous. *(Remontant sur son rocher.) Pater Noster qui es…*

MÈRE UBU, *se débarrassant.* Tiens ! où est-il ?

PÈRE UBU. Ah ! Seigneur ! la voilà encore ! Sotte créature, il n'y a donc pas moyen de se débarrasser d'elle. Est-il mort, cet ours ?

---

note

1. **palmipède** : le Père Ubu a d'étranges notions de zoologie, puisque les palmipèdes sont des oiseaux aquatiques aux pattes palmées !

MÈRE UBU. Eh oui, sotte bourrique, il est déjà tout froid. Comment est-il venu ici ?

PÈRE UBU, *confus*. Je ne sais pas. Ah ! si, je sais ! Il a voulu manger Pile et Cotice et moi je l'ai tué d'un coup de *Pater Noster*.

MÈRE UBU. Pile, Cotice, *Pater Noster*. Qu'est-ce que c'est que ça ? Il est fou, ma finance !

PÈRE UBU. C'est très exact ce que je dis ! Et toi tu es idiote, ma giborgne !

MÈRE UBU. Raconte-moi ta campagne, Père Ubu.

PÈRE UBU. Oh ! dame, non ! C'est trop long. Tout ce que je sais, c'est que malgré mon incontestable vaillance tout le monde m'a battu.

MÈRE UBU. Comment, même les Polonais ?

PÈRE UBU. Ils criaient : Vive Venceslas et Bougrelas. J'ai cru qu'on voulait m'écarteler. Oh ! les enragés ! Et puis ils ont tué Rensky !

MÈRE UBU. Ça m'est bien égal ! Tu sais que Bougrelas a tué le Palotin Giron !

PÈRE UBU. Ça m'est bien égal ! Et puis ils ont tué le pauvre Lascy !

MÈRE UBU. Ça m'est bien égal !

PÈRE UBU. Oh ! mais tout de même, arrive ici, charogne ! Mets-toi à genoux devant ton maître *(il l'empoigne et la jette à genoux)*, tu vas subir le dernier supplice.

MÈRE UBU. Ho, ho, monsieur Ubu !

PÈRE UBU. Oh ! oh ! oh ! après, as-tu fini ? Moi je commence : torsion du nez, arrachement des cheveux, pénétration du petit bout de bois dans les oneilles, extraction de la cervelle par les talons, lacération du postérieur, suppression partielle ou même

Acte V, scène 2

totale de la moelle épinière (si au moins ça pouvait lui ôter les épines du caractère), sans oublier l'ouverture de la vessie natatoire[1] et finalement la grande décollation renouvelée de saint Jean-Baptiste[2], le tout tiré des très saintes Écritures, tant de l'Ancien que du Nouveau Testament, mis en ordre, corrigé et perfectionné par l'ici présent Maître des Finances ! Ça te va-t-il, andouille ?

Il la déchire.

MÈRE UBU. Grâce, monsieur Ubu !

Grand bruit à l'entrée de la caverne.

Scène 2

LES MÊMES, BOUGRELAS *se ruant dans la caverne avec ses* SOLDATS.

BOUGRELAS. En avant, mes amis ! Vive la Pologne !

PÈRE UBU. Oh ! Oh ! attends un peu, monsieur le Polognard[3]. Attends que j'en aie fini avec madame ma moitié !

BOUGRELAS, *le frappant.* Tiens, lâche, gueux, sacripant, mécréant, musulman[4] !

---

notes

1. vessie natatoire : la vessie est l'organe qui permet aux êtres humains d'uriner, la vessie natatoire est l'organe qui permet aux poissons de nager.
2. Selon la tradition chrétienne, la tête de saint Jean-Baptiste (qui baptisa Jésus et le désigna comme le Messie) fut demandée au roi Hérode par Salomé en récompense de la danse qu'elle venait d'effectuer. C'est une des scènes les plus représentées par la peinture occidentale depuis le Moyen Âge.

3. Polognard : Jarry ajoute au mot *Polonais* le suffixe péjoratif ou vulgaire *-ard* (comme *froussard*, par exemple).
4. musulman : le terme, placé à la suite du mot « *mécréant* », semble une survivance du temps des Croisades, lorsque étaient mécréants tous ceux qui n'étaient pas chrétiens.

Ubu Roi

PÈRE UBU, *ripostant*. Tiens ! Polognard, soûlard, bâtard, hussard, tartare, calard[1], cafard, mouchard, savoyard, communard !

MÈRE UBU, *le battant aussi*. Tiens, capon[2], cochon, félon[3], histrion[4], fripon, souillon, polochon !

Les Soldats se ruent sur les Ubs qui se défendent de leur mieux.

PÈRE UBU. Dieux ! quels renfoncements !

MÈRE UBU. On a des pieds, messieurs les Polonais.

PÈRE UBU. De par ma chandelle verte, ça va-t-il finir, à la fin de la fin ? Encore un ! Ah ! si j'avais ici mon cheval à phynances !

BOUGRELAS. Tapez, tapez toujours.

VOIX *au-dehors*. Vive le Père Ubé, notre grand financier !

PÈRE UBU. Ah ! les voilà. Hurrah ! Voilà les Pères Ubus. En avant, arrivez, on a besoin de vous, messieurs des Finances !

Entrent les Palotins, qui se jettent dans la mêlée.

COTICE. À la porte les Polonais !

PILE. Hon ! nous nous revoyons, Monsieuye des Finances. En avant, poussez vigoureusement, gagnez la porte, une fois dehors il n'y aura plus qu'à se sauver.

PÈRE UBU. Oh ! ça, c'est mon plus fort. Ô comme il tape.

BOUGRELAS. Dieu ! je suis blessé.

STANISLAS LECZINSKI. Ce n'est rien, Sire.

BOUGRELAS. Non, je suis seulement étourdi.

JEAN SOBIESKI. Tapez, tapez toujours, ils gagnent la porte, les gueux.

notes

1. **calard** : mot sans doute inventé par Jarry pour les besoins de la série d'insultes.
2. **capon** : lâche, poltron.
3. **félon** : traître à son seigneur.
4. **histrion** : bouffon.

Acte V, scène 2

COTICE. On approche, suivez le monde. Par conséiquent de quoye, je vois le ciel.

PILE. Courage, sire Ubu !

230 PÈRE UBU. Ah ! j'en fais dans ma culotte. En avant, cornegidouille ! Tudez, saignez, écorchez, massacrez, corne d'Ubu ! Ah ! ça diminue !

COTICE. Il n'y en a plus que deux à garder la porte.

PÈRE UBU, *les assommant à coups d'ours*. Et d'un, et de deux ! Ouf !
235 me voilà dehors ! Sauvons-nous ! Suivez, les autres, et vivement !

suite, p. 116

Affiche électorale tricolore du général Boulanger (*cf.* p. 128).

« Dieux ! quels renfoncements ! »
Lecture analytique de l'extrait, p. 100, l. 180, à p. 102, l. 216.

Situé au début du dernier acte, ce passage scelle la débâcle de la famille Ubu et clôt leur expérience royale en Pologne. Jarry place à la suite l'une de l'autre deux scènes particulièrement violentes qui ne déclenchent pourtant que le rire du spectateur.

La fin de la scène 1 est construite sur une longue énumération presque radiophonique de tortures à la mode inquisitoriale, dont on a du mal à imaginer de quels gestes elles pourraient être accompagnées. Mais on y sent toute la jubilation de l'auteur dans l'usage qu'il fait d'un vocabulaire à la fois précis et faussement savant, grotesque* et inapproprié, fait de jeux de mots, d'inventions verbales et de références détournées.

L'irruption de Bougrelas et de ses hommes, qui ouvre la scène 2 et met fin au calvaire de la Mère Ubu, fait basculer la pièce dans une violence plus désordonnée et plus visuelle, où l'action est décrédibilisée cette fois par les injures, interjections et expressions pittoresques d'Ubu.

Une violence décrédibilisée

❶ Au regard de l'ensemble de la pièce, qu'est-ce qui justifie chacun des deux épisodes et la violence des protagonistes ?
❷ Y a-t-il d'autres scènes équivalentes dans la pièce ? En quoi diffèrent-elles ?
❸ Quelle est la fonction des didascalies ? Dans quelle scène y en a-t-il le plus ? Comment cela s'explique-t-il ?
❹ Combien y a-t-il de phrases dans la longue réplique du Père Ubu à la fin de la scène 1 ? Quelle est la fonction de chacune d'elles ? Comment la phrase centrale est-elle construite ?

Cf. Lexique.

Extrait, p. 100, l. 180, à p. 102, l. 216

❺ À quelles parties du corps de la Mère Ubu le Père Ubu s'attaque-t-il ? Pourquoi ? Montrez que le programme énoncé par le Père Ubu est fantaisiste.

❻ Dans la scène 2 et en opposition à la scène 1, montrez que se retrouvent dans le texte l'agitation et le désordre de l'action. De quelle façon ? Par quels procédés ?

Une réinvention de la langue

❼ Repérez les différents procédés par lesquels Jarry joue sur et avec les mots.

❽ Repérez les changements subis par le nom propre *Ubu* dans le passage. Comment s'expliquent-ils ? D'autres mots subissent-ils le même genre de distorsions ?

❾ Comment les insultes arrivent-elles ? Qu'est-ce qui les justifie ? Que désignent-elles ? Comment s'organisent-elles ?

La langue, matériau de l'écrivain
Lectures croisées et travaux d'écriture

On entend par « verve » la fantaisie créatrice, l'imagination dans la parole, la fougue, et par « truculence » le fait d'avoir une langue haute en couleur et excessive. Ce sont les deux mots qui qualifient habituellement la prose de Jarry et celle de Rabelais, écrivain dont il se réclame le plus volontiers. Tous deux écrivent en toute liberté, jouant avec les mots, les détournant ou en inventant, sans craindre les excès, et même allant à leur recherche.

De même que le corps et la voix sont les matériaux de l'acteur, la langue est celui de l'auteur. C'est elle qui, travaillée, véhicule non seulement le message, mais encore et surtout, comme chez Alfred Jarry ou Roger Vitrac, les désirs, les pulsions ou les bassesses des personnages. C'est elle qui, dans la seconde moitié du XXe siècle, deviendra pour certains auteurs, tel Eugène Ionesco, le sujet même d'un théâtre qui fait le constat d'un langage vidé de son sens. Par sa vitalité, c'est elle enfin qui, détériorée ou enrichie par les auteurs, porte la poésie et le comique* des textes de ce corpus.

Texte A : Extrait des scènes 1 et 2 de l'acte V d'*Ubu Roi* d'Alfred Jarry (p. 100, l. 180, à p. 102, l. 216)

Texte B : François Rabelais, *Gargantua*
François Rabelais (1494-1553) était un médecin renommé et un intellectuel brillant de la Renaissance, préoccupé, comme les humanistes de son temps, de la place et de la dignité de l'homme dans le monde. Sous des dehors amusants et excessifs, Gargantua *(1534), critique éclairée de la société du XVIe siècle, parle aussi bien de politique, de guerre et de paix que d'éducation ou de religion. Ainsi, après avoir évoqué la naissance et l'éducation du géant Gargantua, François Rabelais évoque les guerres picrocholines, dont le chapitre XXIII, que nous présentons ici, narre le dérisoire point de départ : une querelle entre bergers et fouaciers[1].*

* *Cf. Lexique.*

Lectures croisées

On comprend qu'Alfred Jarry, qui adapta* Pantagruel, *ait été sensible à la langue truculente et comique* de Rabelais, à son invention verbale, son goût des néologismes*, de la grossièreté et de la démesure.

En cestuy temps, qui feut la saison de vendanges, on commencement de Automne, les bergiers de la contrée estoient à guarder les vignes et empescher que les estourneaux ne mangeassent les raisins.

En quel temps les fouaciers de Lerné passoient le grand quarroy[2], menans dix ou douze charges de fouaces à la ville.

Lesdictz bergiers les requirent courtoisement leurs en bailler pour leur argent, au pris du marché. Car notez que c'est viande celeste manger à desjeuner des raisins avecq la fouace fraiche [...].

A leur requeste ne feurent aulcunement enclinez les fouaciers, mais (que pys est) les oultragèrent grandement, en les appellant Tropditeulx[3], Breschedens, Plaisans rousseaulx, Galliers, Riennevaulx, Rustres, Challans, Hapelopins, Trainnegeinnes, gentilz Floquetz, Copieux, Landores, Malotruz, Dendins, Baugears, Tezez, Gaubregeux, Gogueluz, Clacledens, Boyers d'etrons, Bergiers de merde, et aultres telz epithetes diffamatoyres, adjoustans que poinct à eulx n'apartenoit manger de ces belles fouaces, mais qu'ilz se debvoient contenter de gros pain ballé[4] et de tourte.

Auquel outraige un d'entr'eulx, nommé Frogier, bien honeste homme de sa personne, et notable bacchellier[5], respondit doulcettement :

« Depuis quand avez vous prins les cornes[6] qu'estez tant rogues devenuz ? Dea, vous nous en soulliez[7] volentiers bailler, et maintenant y refusez ? Ce n'est pas faict de bons voisins, et ainsi ne vous faisons nous, quand vous venez icy achapter nostre beau froment, dont vous faictes vos gasteaux et fouaces. Encores par le marché vous eussions nous donné de nos raisins ; mais, par la mer Dé[8] ! vous en pourriez repentir et aurez quelque jour affaire de nous. Lors nous ferons envers vous à la pareille, et vous en soubveigne ! »

Adoncq Marquet, grand bastonnier de la confrarie des fouaciers, luy dist : « Vrayement, tu es bien acresté[9] à ce matin ; tu mengeas arsoir[10] trop de mil. Vien czà, vien czà, je te donneray de ma fouace ! »

Lors Forgier en toute simplesse aprochea, tyrant un unzain[11] de son baudrier[12], pensant que Marquet luy deust deposcher de ses fouaces ; mais il luy bailla de son fouet à travers les jambes si rudement que les nouz[13] y apparoissoient. Puis voulut gaigner à la fuyte ; mais Forgier s'escrya au meurtre et à la force tant qu'il peut, ensemble luy getta un

* *Cf.* Lexique

Lectures croisées

gros tribard[14] qu'il portoit soubz son escelle, et le attainct par la joincture coronale de la teste[15], sus l'artere crotaphique, du cousté dextre[16], en sorte que Marquet tombit de dessus sa jument, mieulx semblant un homme mort que vif.

Ce pendent les mestaiers[17], qui là auprès challoient[18] les noiz, accoururent avec leurs grandes gaules et fraperent sus ces fouaciers comme sus seigle verd. Les aultres bergiers et bergieres, ouyans le cry de Forgier, y vindrent avec leurs fondes et brassiers[19], et les suyverent à grands coups de pierres tant menuz qu'il sembloit que ce feust gresle. Finablement les aconpceurent[21] et housterent[22] de leurs fouaces environ quatre ou cinq douzaines [...].

François Rabelais, *Gargantua*, extrait du chapitre XXIII, 1534.

1. La fouace ou fougasse est une galette ; le fouacier est celui qui en fait ou en vend.
2. **quarroy** : carrefour. 3. La longue litanie d'insultes qui suit sont, pour partie, des inventions de l'auteur : *Tropditeulx* : prolétaires ; *Breschedens* : édentés ; *Plaisans rousseaulx* : vilains rouquins ; *Galliers, Riennevaulx* et *Challans* : vauriens ; *Hapelopins* : parasites ; *Trainnegeinnes* : fanfarons ; *gentilz Floquetz* : vilains galants ; *Copieux* : farceurs (du verbe *copier*) ; *Landores* : paresseux ; *Dendins* : niais ; *Baugears* : lourdauds ; *Tezez* : toisés, regardés avec mépris ; *Gaubregeux* : moqueurs (du verbe *gauberîger*) ; *Gogueluz* : orgueilleux ; *Clacledens* : gueux (qui claquent des dents) ; *Boyers* : bouviers (qui conduisent les bœufs). 4. **pain ballé** : pain lourd, fait avec du son. 5. **bacchelier** : jeune homme. 6. **avez vous prins les cornes** : êtes-vous devenus orgueilleux. 7. **soulliez** : avez l'habitude de. 8. **par la mer Dé** : par le merci de Dieu. 9. **acresté** : comme le coq qui lève la tête, fait le fier. 10. **arsoir** : hier soir. 11. **unzain** : monnaie valant onze deniers. 12. **baudrier** : ceinture de cuir servant de bourse. 13. **nouz** : nœuds. 14. **tribard** : gourdin. 15. La « *joincture coronale de la teste* » est le front et « *l'artere crotaphique* » est située sur la tempe. 16. **dextre** : droite (*senestre* : gauche). 17. **mestaiers** : métayers, fermiers. 18. **challoient** : décortiquaient. 19. **fondes et brassiers** : sortes de frondes. 20. **aconpceurent** : atteignirent. 21. **housterent** : ôtèrent.

Texte C : Roger Vitrac, *Victor ou les Enfants au pouvoir*

Victor ou les Enfants au pouvoir (1928), pièce écrite par Roger Vitrac (1899-1952) et mise en scène par Antonin Artaud avec la troupe du théâtre Alfred-Jarry, est l'un des rares exemples de théâtre surréaliste. On y voit un enfant modèle, Victor, qui, le jour de ses neuf ans, décide, avant de mourir, de dynamiter systématiquement les conventions qui régissent la vie des adultes de sa famille, les poussant même au suicide. Vitrac intègre les caractéristiques des pièces de vaudeville* (intérieur bourgeois, quiproquos, adultères...), en les subvertissant par des situations, des relations et une langue où dominent la cruauté, l'absurdité et l'érotisme.

ÉMILIE. Qui est là ?

VICTOR, *derrière la porte*. C'est Victor ! Je suis malade et je ne peux pas dormir.

* Cf. Lexique

Lectures croisées

CHARLES, *ouvrant la porte et sortant*. Attends, je vais te faire dormir.

Bruits de coups, cris et exclamations du père à chaque coup : C'est Victor... C'est Victor...

ÉMILIE, *au père qui reparaît*. Qu'as-tu fait, Charles ?

CHARLES. Je l'ai fessé, nom de Dieu ! Fessé jusqu'au sang. Ah ! c'est Victor ! Eh bien soit, c'est Victor !

[...]

Charles verse quelques gouttes de laudanum[1] dans un verre qu'il remplit d'eau.

[...]

Elle boit en hésitant et tend le verre à Charles qui l'avale d'un trait.

CHARLES. Et maintenant, au plumard.

Ils se couchent. La lumière s'éteint brusquement, puis se rallume très lentement. Pendant tout le monologue du père, on entend Victor crier et gémir.

CHARLES, *couché*. Émilie, nous sommes très calmes, maintenant. Nous allons dormir enfin, mais aucune drogue, aucune puissance au monde... Que d'étoiles !

Cris...

Ne pourrait m'empêcher de te dire, le visage horizontal, de me confesser enfin, en quelques mots... Elle est si belle...

Gémissements...

Grâce encore, Émilie. Tout en prenant le thé, la main suspendue sur le sucre, il y a trois ans, que j'aime Thérèse. Trois ans déjà. Avec un pied comme cinq feuilles de fraisier, elle va escalader le lit.

Cris...

C'est à l'hôtel de l'Europe. Je lui disais, avant que l'autre jambe ne monte « reste ainsi ».

Cris.

Oh ! exactement comme ma moustache, mais verticale entre ses cuisses, et je me caressais le sourcil gauche, ou le sourcil droit, pendant que ses yeux riaient sous son aisselle.

Gémissements.

Je ne t'ennuie pas, au moins ?

ÉMILIE. Pas du tout, mon chéri ! Thérèse dut être bien heureuse.

CHARLES. N'est-ce pas ?

ÉMILIE. Oui, et tu racontes si bien ! C'est comme si j'y étais. Encore.

Lectures croisées

Cris très prolongés.

CHARLES. Tu es une sainte femme, Émilie !

ÉMILIE. Et Thérèse ?

CHARLES. Oh, Thérèse, c'est une grivette, un clisson, un poularic, un vinoseille, un marisignan, un pirosthète, je l'appelle mon rivasort, ma vachinose, ma gruesaille. Thérèse, c'est une vache, mais une vache comme il n'y a pas de fleurs.

Roger Vitrac, Victor ou les Enfants au pouvoir,
extrait de la scène 5 de l'acte III, Denoël, 1929 ; Gallimard, 1946.

1. *laudanum* : produit dérivé de l'opium, soporifique et calmant.

Texte D : Eugène Ionesco, *La Cantatrice chauve*

La Cantatrice chauve *(1950) est la première pièce, ou plutôt « anti-pièce », d'Eugène Ionesco (1909-1994), auteur français d'origine roumaine et représentant majeur de ce que l'on nommera « le théâtre de l'absurde* ». Son titre initial,* L'Anglais sans peine, *faisait référence à la méthode de langue Assimil dans laquelle Ionesco dit avoir découvert* « tout un monde qui s'exprimait d'une manière étonnante. J'ai donc fait parler mes personnages anglais comme des Français apprenant l'anglais » !

La pièce, en un acte, présente deux couples bourgeois anglais dans un intérieur douillet qui pourrait être celui d'un vaudeville*, d'une pièce du théâtre bourgeois. Seulement, tous les codes théâtraux sont ici systématiquement sapés : les unités classiques de temps, de lieu et d'action, les relations conventionnelles entre personnages. C'est surtout le langage qui se vide de tout sens, d'abord prisonnier d'expressions toutes faites et du parler pour ne rien dire, puis irrémédiablement détérioré dans la scène 11, la dernière de la pièce, où les personnages explosent dans un absurde déchaînement verbal.

M. MARTIN. Le pain est un arbre tandis que le pain est aussi un arbre, et du chêne naît un chêne, tous les matins à l'aube.

MME SMITH. Mon oncle vit à la campagne, mais ça ne regarde pas la sage-femme.

M. MARTIN. Le papier c'est pour écrire, le chat c'est pour le rat. Le fromage c'est pour griffer.

MME SMITH. L'automobile va très vite, mais la cuisinière prépare mieux les plats.

* *Cf.* Lexique

Lectures croisées

M. Smith. Ne soyez pas dindons, embrassez plutôt le conspirateur.

M. Martin. Charity begins at home.

Mme Smith. J'attends que l'aqueduc vienne me voir à mon moulin.

M. Martin. On peut prouver que le progrès social est bien meilleur avec du sucre.

M. Smith. À bas le cirage !

À la suite de cette dernière réplique de M. Smith, les autres se taisent un instant, stupéfaits. On sent qu'il y a un certain énervement. Les coups que frappe la pendule sont plus nerveux aussi. Les répliques qui suivent doivent être dites, d'abord, sur un ton glacial, hostile. L'hostilité et l'énervement iront en grandissant. À la fin de cette scène, les quatre personnages devront se trouver debout, tout près les uns des autres, criant leurs répliques, levant les poings, prêts à se jeter les uns sur les autres.

M. Martin. On ne fait pas briller ses lunettes avec du cirage noir.

Mme Smith. Oui, mais avec de l'argent on peut acheter tout ce qu'on veut.

M. Martin. J'aime mieux tuer un lapin que de chanter dans le jardin.

M. Smith. Kakatoes, kakatoes, kakatoes, kakatoes, kakatoes, kakatoes, kakatoes, kakatoes, kakatoes, kakatoes.

Mme Smith. Quelle cacade, quelle cacade, quelle cacade, quelle cacade, quelle cacade, quelle cacade, quelle cacade, quelle cacade, quelle cacade.

M. Martin. Quelle cascade de cacades, quelle cascade de cacades, quelle cascade de cacades, quelle cascade de cacades, quelle cascade de cacades, quelle cascade de cacades, quelle cascade de cacades, quelle cascade de cacades.

M. Smith. Les chiens ont des puces, les chiens ont des puces.

Mme Martin. Cactus, Coccyx ! coccus ! cocardard ! cochon !

Mme Smith. Encaqueur, tu nous encaques[1].

M. Martin. J'aime mieux pondre un œuf que voler un bœuf.

Mme Martin, *ouvrant tout grand la bouche*. Ah ! oh ! ah ! oh ! laissez-moi grincer des dents.

M. Smith. Caïman !

M. Martin. Allons gifler Ulysse.

M. Smith. Je m'en vais habiter ma Cagna dans mes cacaoyers.

Travaux d'écriture

Mme Martin. Les cacaoyers des cacaoyères donnent pas des cacahuètes, donnent du cacao ! Les cacaoyers des cacaoyères donnent pas des cacahuètes, donnent du cacao ! Les cacaoyers des cacaoyères donnent pas des cacahuètes, donnent du cacao !

Eugène Ionesco, La Cantatrice chauve, extrait de la scène 11,
Cahiers du collège de 'pataphysique, 1952 ; Gallimard, 1954.

1. *Encaquer* signifie « entasser dans un petit espace ». Le mot « *encaqueur* » est une invention de Ionesco.

Document : Francis Picabia, *L'Œil cacodylate* (1921 – huile et collage sur toile)

Le peintre français Francis Picabia (1879-1953) fut tour à tour impressionniste et cubiste, avant d'être à la base avec Tristan Tzara, à partir des années 1916, du mouvement Dada. Mouvement étonnant et détonnant, il se donna pour but, au mépris des catégories artistiques existantes, de détruire toutes les valeurs esthétiques, morales, philosophiques ou religieuses qui fondent la civilisation occidentale. Pour ce faire, les dadaïstes organisèrent dans la plupart des capitales européennes des soirées artistiques et littéraires scandaleuses, faites de spectacles absurdes d'une liberté absolue. C'est lors d'une de ces réunions, en 1921, que Francis Picabia demanda à ses amis de signer avec lui L'Œil cacodylate *(le cacodylate est un sel dont on se sert en médecine ; le mot est surtout utilisé pour sa sonorité), obtenant ainsi un collage, sorte de poème visuel où la notion jusque-là si importante d'auteur se trouve mise à mal.*

Document reproduit ci-contre.

Corpus

Texte A : Extrait des scènes 1 et 2 de l'acte V d'*Ubu Roi* d'Alfred Jarry (p. 100, l. 180, à p. 102, l. 216).

Texte B : Extrait du chapitre XXIII de *Gargantua* de François Rabelais (pp. 106-108).

Texte C : Extrait de la scène 5 de l'acte III de *Victor ou les Enfants au pouvoir* de Roger Vitrac (pp. 108-110).

Texte D : Extrait de la scène 11 de *La Cantatrice chauve* d'Eugène Ionesco (pp. 110-112).

Document : *L'Œil cacodylate* de Francis Picabia (pp. 112-113).

Travaux d'écriture

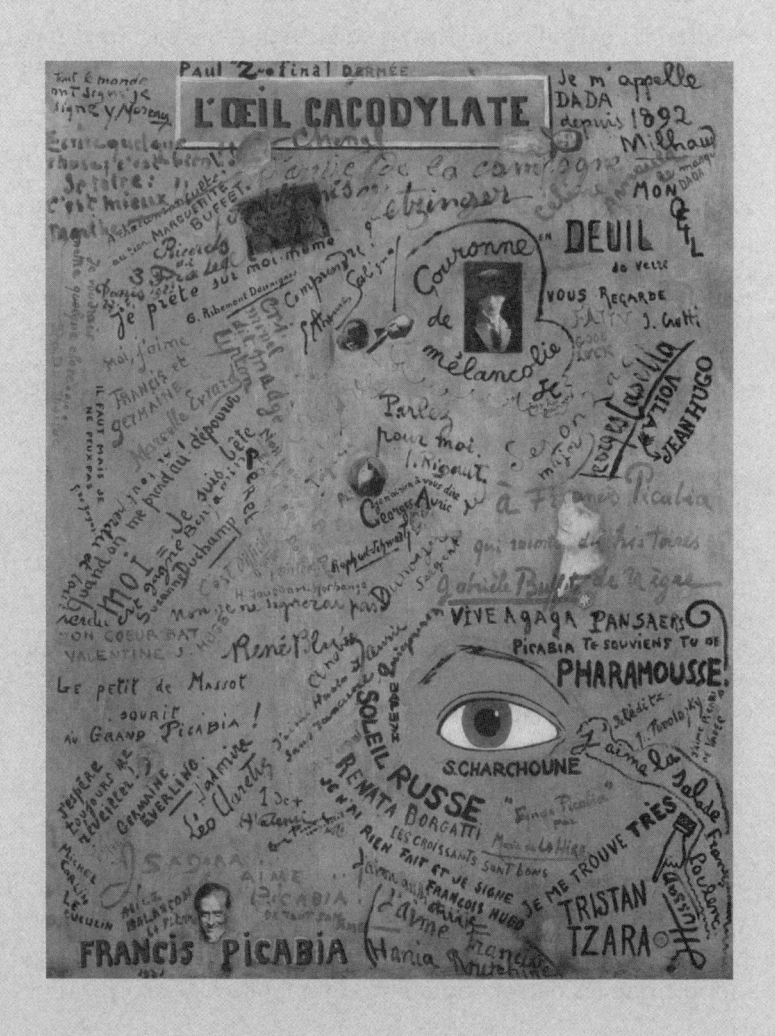

Travaux d'écriture

Examen des textes et de l'image

❶ Parmi les extraits de pièces de théâtre présentés ici (textes A, C et D), lequel vous semble le plus complexe à représenter sur scène. Pourquoi ?

❷ Dans le texte B, précisez les rôles respectifs du récit et des dialogues dans la progression de l'action.

❸ Rabelais et Ionesco utilisent, comme Jarry, l'insulte comme élément comique* (textes B et D). Quelles différences et quels points communs voyez-vous avec *Ubu Roi* (texte A) ?

❹ Comment s'exprime la violence dans le texte C ? Où se situe-t-elle et pourquoi ? Quel est l'effet produit sur le spectateur ? Expliquez en quoi elle s'oppose à ce qui se déroule sur la scène.

❺ Quel est l'effet de la drogue sur le comportement et la manière de s'exprimer de Charles (texte C) ? Sur quel ton parle-t-il ? Qu'est-ce qui nous l'indique ?

❻ Que peut-on dire de l'invention langagière dans la dernière réplique de Charles (texte C) ?

❼ Montrez que le passage choisi pourrait être plus court ou plus long sans rien changer à l'unité du texte (texte D).

❽ Dans la seconde partie du texte D, quelles sont, d'après vous, les répliques dites « *sur un ton glacial* » et lesquelles devraient être criées ? Pourquoi ?

❾ Comment s'opère le passage de la première à la seconde partie dans le texte de Ionesco (texte D) ? Pourrait-on comprendre le basculement qui s'opère sans la didascalie ? Qu'est-ce qui, dans le texte, montre la violence des propos ?

❿ *L'Œil cacodylate* (document) est-il un tableau ou un poème ? Pourquoi ? D'où vient son unité ?

Travaux d'écriture

Question préliminaire
Observez, dans les trois textes théâtraux (textes A, C et D), le rapport que les personnages entretiennent avec le corps.

* Cf. Lexique.

Travaux d'écriture

Commentaire
Vous ferez le commentaire composé de l'extrait de *Victor ou les Enfants au pouvoir* de Roger Vitrac (texte C).

Dissertation
En prenant appui sur le corpus proposé, sur les œuvres étudiées au cours de l'année et sur vos lectures personnelles, vous commenterez la formule selon laquelle « le théâtre est une langue mise en corps ».

Écriture d'invention
Vous êtes un critique de théâtre. Vous écrivez un article polémique* sur les trois extraits de pièces de théâtre proposés dans ce groupement (textes A, C et D).

* *Cf.* Lexique.

Ubu Roi

Scène 3

La scène représente la province de Livonie[1] couverte de neige. Les Ubs[2] et leur suite en fuite.

Père Ubu. Ah ! je crois qu'ils ont renoncé à nous attraper.

Mère Ubu. Oui, Bougrelas est allé se faire couronner.

Père Ubu. Je ne la lui envie pas, sa couronne.

240 Mère Ubu. Tu as bien raison, Père Ubu.

Ils disparaissent dans le lointain.

Scène 4

Le pont d'un navire courant au plus près sur la Baltique. Sur le pont, le Père Ubu et toute sa bande.

Le Commandant. Ah ! quelle belle brise.

Père Ubu. Il est de fait que nous filons avec une rapidité qui tient du prodige. Nous devons faire au moins un million de nœuds[3]
245 à l'heure, et ces nœuds ont ceci de bon qu'une fois faits ils ne se défont pas. Il est vrai que nous avons vent arrière.

Pile. Quel triste imbécile.

Une risée[4] arrive, le navire couche[5] et blanchit la mer.

Père Ubu. Oh ! Ah ! Dieu ! nous voilà chavirés. Mais il va tout
250 de travers, il va tomber ton bateau.

notes

1. Livonie : région du Nord de la Lituanie, correspondant aux actuelles Lettonie et Estonie.
2. les Ubs : façon plaisante de nommer le couple Ubu.
3. Tout au long de la scène, Jarry joue sur le complexe vocabulaire maritime et sur l'incompétence du Père Ubu.
4. *risée* : brise subite et passagère.
5. *couche* : se met sur le côté.

Acte V, scène 4

Le Commandant. Tout le monde sous le vent, bordez la misaine[1] !

Père Ubu. Ah ! mais non, par exemple ! Ne vous mettez pas tous du même côté ! C'est imprudent ça. Et supposez que le vent vienne à changer de côté : tout le monde irait au fond de l'eau et les poissons nous mangeront.

Le Commandant. N'arrivez pas, serrez près et plein !

Père Ubu. Si ! Si ! Arrivez. Je suis pressé, moi ! Arrivez, entendez-vous ! C'est ta faute, brute de capitaine, si nous n'arrivons pas. Nous devrions être arrivés. Oh ! oh, mais je vais commander, moi, alors ! Pare à virer ! À Dieu vat[2]. Mouillez, virez vent devant, virez vent arrière. Hissez les voiles, serrez les voiles, la barre dessus, la barre dessous, la barre à côté. Vous voyez, ça va très bien. Venez en travers à la lame et alors ce sera parfait.

Tous se tordent, la brise fraîchit.

Le Commandant. Amenez le grand foc, prenez un ris aux huniers[3] !

Père Ubu. Ceci n'est pas mal, c'est même bon ! Entendez-vous, monsieur l'Équipage ? amenez le grand coq et allez faire un tour dans les pruniers.

Plusieurs agonisent de rire. Une lame embarque.

Père Ubu. Oh ! quel déluge ! Ceci est un effet des manœuvres que nous avons ordonnées.

Mère Ubu *et* Pile. Délicieuse chose que la navigation.

---

notes

1. misaine : voile basse située à l'avant d'un bateau ; *la border* signifie « la tendre ».
2. *À Dieu vat* : forme vieillie qui signifie « À la grâce de Dieu » ; l'équivalent de l'arabe *Inch Allah !*.
3. *Prendre un ris* signifie « réduire la voilure » ; le hunier est une voile carrée située au-dessus des voiles basses.

Deuxième lame embarque.

PILE, *inondé.* Méfiez-vous de Satan et de ses pompes[1].

PÈRE UBU. Sire garçon, apportez-nous à boire.

Tous s'installent à boire.

MÈRE UBU. Ah ! quel délice de revoir bientôt la douce France, nos vieux amis et notre château de Mondragon[2] !

PÈRE UBU. Eh ! nous y serons bientôt. Nous arrivons à l'instant sous le château d'Elseneur[3].

PILE. Je me sens ragaillardi à l'idée de revoir ma chère Espagne.

COTICE. Oui, et nous éblouirons nos compatriotes des récits de nos aventures merveilleuses.

PÈRE UBU. Oh ! ça, évidemment ! Et moi, je me ferai nommer Maître des Finances à Paris.

MÈRE UBU. C'est cela ! Ah ! quelle secousse !

COTICE. Ce n'est rien, nous venons de doubler la pointe d'Elseneur.

PILE. Et maintenant notre noble navire s'élance à toute vitesse sur les sombres lames de la mer du Nord.

PÈRE UBU. Mer farouche et inhospitalière qui baigne le pays appelé Germanie, ainsi nommé parce que les habitants de ce pays sont tous cousins germains.

MÈRE UBU. Voilà ce que j'appelle de l'érudition. On dit ce pays fort beau.

notes

1. La *pompe* est ce qui est somptueux (*cf.* l'expression *en grande pompe*), clinquant et finalement plein de vanité, et dont il faut se méfier sous peine de tomber sous la coupe du Diable. Mais une *pompe* serait ici bien utile pour débarrasser le bateau de l'eau embarquée !

2. château de Mondragon : château situé près d'Arles et déjà en ruine à l'époque de Jarry.
3. château d'Elseneur : château du Danemark, où Shakespeare situe l'action d'*Hamlet*.

Acte V, scène 4

PÈRE UBU. Ah ! messieurs ! si beau qu'il soit il ne vaut pas la Pologne. S'il n'y avait pas de Pologne, il n'y aurait pas de Polonais !

FIN.

Ubu Roi :
bilan de première lecture

1. Qui incite le Père Ubu à détrôner le roi Venceslas ?
2. Qui est le capitaine Bordure ?
3. Qui sont Ladislas, Boleslas et Bougrelas ?
4. Parmi la famille royale, qui échappe au complot du Père Ubu ?
5. Quels sont les emblèmes du Père Ubu ?
6. Que fait le Père Ubu dès qu'il a pris le pouvoir ?
7. Comment le règne du Père Ubu se caractérise-t-il ?
8. Qui incite Bougrelas à combattre le Père Ubu ?
9. Comment s'appellent les partisans du Père Ubu ?
10. Que fait la Mère Ubu après le départ à la guerre du Père Ubu ?
11. Après l'invasion de la Pologne, où Père Ubu et Mère Ubu se réfugient-ils ?
12. Qui les attaque ? Qui les suit dans leur fuite ?
13. De quelle manière se termine la pièce ?

Dossier Bibliolycée

Alfred Jarry : un écrivain connu et méconnu

1873-1890 : une enfance provinciale et potache

Alfred Jarry naît à Laval le 8 septembre 1873. Son père, Anselme Jarry, est un négociant en tissus aisé et sa mère, Caroline Quernest, la fille d'un juge breton. Lorsqu'il a 6 ans, ses parents se séparent. Alfred part vivre avec sa mère et sa sœur Caroline (de 8 ans son aînée et appelée en fait Charlotte) à Saint-Brieuc, dans sa famille maternelle, qui est suffisamment aisée pour que cette séparation soit possible. Alfred passera à Saint-Brieuc toute son enfance et y écrira, dès 12 ans, ses premières poésies.

À l'âge de 15 ans, la famille s'installe à Rennes où Alfred intègre le lycée en classe de rhétorique (l'équivalent de notre seconde). C'est là qu'il rencontre M. Hébert, ridicule professeur de physique pris pour cible par les élèves et qui servira de modèle au Père Ubu. Jarry devient par ailleurs l'ami des frères Morin, dont le cadet est dans sa classe. Ceux-ci ont pris la tête de la croisade potache anti-Hébert et c'est avec eux, en 1888, qu'il montera *Les Polonais*, pièce qui est sinon l'original, du moins une ébauche du futur *Ubu Roi* (*cf.* la genèse de la pièce, p. 139). Les années suivantes, Jarry écrira d'autres pièces, dont *Onésime ou les Tribulations du Priou* (1889), qui est une ébauche d'*Ubu cocu*.

Biographie

1891-1896 : Jarry à Paris

Premières rencontres

En 1891, Alfred Jarry, brillant élève ayant passé son baccalauréat par anticipation, monte à Paris. Il poursuit ses études au lycée Henri-IV afin de tenter le concours d'entrée à l'École normale supérieure. Il échouera à plusieurs reprises. En 1893, année de la mort de sa mère, il se lie avec le poète Léon-Paul Fargue (amitié sulfureuse qui s'achève en 1895), commence à publier des poèmes, de petits textes et des articles dans des revues, et à fréquenter les milieux littéraires parisiens (notamment le groupe du *Mercure de France*). Son poème *Guignol*, où le Père Ubu fait sa première apparition, est ainsi publié dans *L'Écho de Paris,* revue dirigée par l'influent Marcel Schwob qui devient son ami et à qui il dédiera *Ubu Roi*. Jarry rencontre ainsi nombre de jeunes artistes qui cherchent comme lui à se faire une place dans le paysage artistique de l'époque. Il aura d'ailleurs l'occasion de travailler avec certains d'entre eux : l'écrivain Remy de Gourmont, avec lequel il fondera en 1894 et dirigera *L'Ymagier*, une luxueuse revue d'art ; le peintre Pierre Bonnard, qui réalisera des marionnettes pour *Ubu Roi* ; le musicien Claude Terrasse, qui en composera la musique et avec lequel Jarry travaillera jusqu'à sa mort à un opéra bouffe tiré de *Pantagruel* et qui ne sera malheureusement jamais représenté de son vivant.

Premières publications

Jarry devient, par ailleurs, un fidèle des salons littéraires du poète Stéphane Mallarmé et surtout de Rachilde, femme de lettres célèbre qui reçoit tous les mardis de jeunes auteurs et se trouve être l'épouse d'Alfred Vallette. Ce dernier est, avec de jeunes écrivains, le fondateur en 1890 de la revue littéraire du

Mercure de France, qu'il dirigera jusqu'en 1935. Cette revue est aussi une maison d'édition dont Jarry se rendra actionnaire et qui publiera régulièrement ses œuvres et ses articles à partir de 1894, date de parution de son premier livre : *Les Minutes de sable mémorial* (recueil poétique d'inspiration symboliste).

1894 est une année importante pour Jarry : il publie donc son premier livre et la revue *L'Ymagier* ; il organise la première lecture parisienne d'*Ubu Roi* ; il rencontre Aurélien Lugné-Poe, directeur du théâtre de l'Œuvre, grâce à qui deux ans plus tard cette pièce sera montée sur scène ; il fait un héritage qu'il dilapide rapidement ; enfin, il commence son service (d'une durée normale de 3 ans) dans l'armée, dont il est réformé pour raisons de santé en 1895, année de la mort de son père.

En 1896, ce sont la publication au Mercure de France et la scandaleuse représentation d'*Ubu Roi* qui à la fois accroissent la notoriété de Jarry et renforcent la marginalité de son travail littéraire. C'est aussi à cette date qu'il publie un article qui condense sa pensée sur le théâtre et dont le titre provocateur est une véritable profession de foi : « De l'inutilité du théâtre au théâtre ».

Un écrivain désarmant, original, varié, prolifique et méconnu

Jarry écrit et, tout en poursuivant le cycle d'Ubu (*cf.* p. 141), publie énormément d'articles et de textes, quoique toujours en peu d'exemplaires et qui n'atteignent jamais le grand public. Son œuvre reste d'ailleurs encore aujourd'hui atypique, étrange, parfois difficile d'accès, mais souvent drôle, grotesque* et iconoclaste.

En 1898, Jarry termine *Gestes et Opinions du docteur Faustroll, pataphysicien*, roman néoscientifique. Ce livre, bien que publié

* *Cf.* Lexique.

Biographie

dans son intégralité seulement après sa mort, aura une influence considérable sur nombre d'écrivains pratiquant un usage ludique de la langue et un humour teinté d'absurde (Boris Vian, Raymond Queneau, le mouvement Oulipo*...). Jarry y invente une nouvelle science, la 'pataphysique, qu'il définit comme « *la science des solutions imaginaires* », censée étudier « *les lois qui régissent les exceptions* » et décrire « *un univers que l'on peut voir et que peut-être l'on doit voir à la place du traditionnel* » (l'apostrophe qui précède le nom devant servir, selon Jarry, à « *éviter un facile calembour* »).

Si Jarry écrit aussi bien de la poésie que du théâtre ou des opéras bouffes, ce sont les romans qui dominent son œuvre, souvent liés à la question de l'amour, tant du point de vue du désir et de l'érotisme que de la passion et du tragique, avec, comme toujours chez Jarry, un arrière-fond grotesque* : *L'Amour absolu* (1899), *Messaline, roman de l'ancienne Rome* (1900) ou encore *Le Surmâle, roman moderne* (1902), qui interroge la quête absurde de la performance.

Alfred Jarry : un personnage de légende

Petit à petit, Jarry est devenu une personnalité célèbre dans le Paris artistique et littéraire d'avant-garde. Il est un personnage extravagant (« *un véritable clown* », selon Gide), qui ne passe pas inaperçu. Perpétuellement habillé en cycliste, possesseur d'une magnifique bicyclette dont la dette le poursuivra jusqu'à sa mort, souvent pris de boisson, sortant facilement son revolver et n'hésitant pas à faire feu en cas de désaccord avec ses interlocuteurs lors de soirées alcoolisées, poursuivi par des créanciers toujours plus nombreux, déménageant en permanence, vivant misérablement (sans éditeur et sans revenus, les

* *Cf.* Lexique.

Biographie

revues auxquelles il participait ayant disparu), et d'une santé mauvaise qui ne cesse de s'aggraver : autour de lui se construit une légende folklorique et pitoyable qui le poursuivra bien après sa mort.

Le 28 mai 1906, Jarry écrit à Rachilde : « *Le Père Ubu n'a aucune tare ni au foie, ni au cœur, ni aux reins, pas même dans les urines ! Il est épuisé, simplement, et sa chaudière ne va pas éclater mais s'éteindre. Il va s'arrêter tout doucement, comme un moteur fourbu.* »

Alfred Jarry meurt un an plus tard, le 1er novembre 1907, à Paris, à l'âge de 34 ans.

Une république instable

Jarry naît à peu de chose près avec la IIIe République. La guerre franco-allemande de 1870 s'est soldée par la défaite française et la fin du Second Empire de Napoléon III. Ont suivi cinq années agitées et la fondation en 1875 de la IIIe République, régime qui durera près de 65 ans, jusqu'à la Seconde Guerre mondiale et la création par Pétain de l'État français (10 juillet 1940). Cependant, pour être longue, la IIIe République n'en sera pas moins instable et marquée par des troubles, des crises et des scandales nombreux. Elle sera aussi pourvoyeuse de grandes lois qui régissent encore notre quotidien.

La IIIe République

Une république instable

La IIIe République est fondée alors que Mac-Mahon (1808-1893), qui avait écrasé la Commune en mai 1871, est au pouvoir. Il est à la tête d'une droite en grande majorité favorable au retour du roi. Cette république n'est en effet pas instaurée pour durer mais pour préparer la monarchie. L'heure est au retour à l'ordre moral et au respect des valeurs religieuses. Mais les différentes factions royalistes ne parviennent à se mettre d'accord ni sur l'héritier du trône ni sur le drapeau. Le roi ne reviendra pas. En conflit dès 1876 avec une Assemblée nationale devenue républicaine, contraint de « *se soumettre ou se démettre* », Mac-Mahon démissionne le 30 janvier 1879 et Jules Grévy, chef des républicains modérés, dits « opportunistes », accède au pouvoir, soutenu par des classes bourgeoises de plus en plus riches, actives et économiquement influentes. Jules Grévy consolide la République, de façon à la rendre durable, et lui donne son caractère laïque, démocratique et parlementaire. À partir de lui, la tête de l'État sera toujours occupée par des républicains.

Le boulangisme

Les mécontents sont malgré tout nombreux : socialistes demandeurs d'une politique sociale, monarchistes et bonapartistes anti-républicains, nationalistes avides de revanche sur l'Allemagne... Ces tendances *a priori* inconciliables vont pourtant se fédérer autour du général Boulanger, ancien ministre de la Guerre (1886-1887) et farouche revanchard qui réforma profondément les armées. Le boulangisme plongea la France dans une grave crise politique entre 1886 et 1889 : des victoires électorales éclatantes et la ferveur populaire menèrent le mouvement au bord d'un coup d'État souhaité par certains de ses partisans mais refusé par Boulanger, qui n'en fut pas moins accusé de complot contre la sûreté de l'État et contraint à un exil en Belgique. Le boulangisme ne survécut pas au suicide de son instigateur en 1891.

Les anarchistes

Sadi Carnot, qui a pris la présidence de la République en 1887 suite à la démission de Jules Grévy, doit faire face à l'agitation politique d'autres anti-républicains, violents et difficiles à contrôler : les anarchistes. Au début des années 1890, ils perpètrent des attentats dans le but de déstabiliser le régime. En 1894, l'un d'entre eux, un Italien du nom de Caserio, assassinera même le président de la République. Aux yeux des anarchistes, Sadi Carnot était coupable de n'avoir pas gracié Auguste Vaillant, condamné à mort pour avoir lancé une bombe dans la Chambre des députés (attentat qui ne fera que des blessés). Le plus célèbre de ces activistes, Ravachol, est lui aussi condamné à mort en 1892, accueillant sa condamnation par de retentissants « Vive l'anarchie ! ». La répression est sévère. Une série de lois liberticides, dites « lois scélérates », votées en 1893, mettront fin aux agissements des anarchistes en condamnant à des peines extrêmement lourdes tout auteur de propagande libertaire.

Les grands scandales

La IIIe République est aussi marquée par un grand nombre de scandales qui secouent durement la société française et divisent l'opinion publique.

Le scandale des décorations

Le premier d'entre eux tient à un trafic de décorations (notamment la Légion d'honneur) que l'on pouvait acquérir moyennant finances. L'instigateur en est Daniel Wilson, député et gendre du président de la République Jules Grévy. Quand la presse dévoila l'affaire en 1887, le scandale contraignit Jules Grévy à la démission.

Le scandale de Panama

Plus grave fut le scandale de Panama, où Ferdinand de Lesseps, chargé de creuser un canal permettant de relier les océans Atlantique et Pacifique, détourna des millions de francs, corrompit des industriels, des banquiers, des journalistes et des hommes politiques, et se montra incapable de mener à bien le projet... Finalement, après avoir lancé un emprunt, il mena à la ruine des dizaines de milliers de souscripteurs lorsque la Compagnie fut mise en liquidation judiciaire en 1889. Édouard Drumont, un journaliste antisémite, mit en cause des financiers juifs ayant soutenu le projet, préparant ainsi le terrain à la plus grande crise de la IIIe République, à savoir l'affaire Dreyfus, qui débuta en 1894.

Contexte

L'affaire Dreyfus

Au départ, il s'agit d'une simple histoire d'espionnage, le capitaine Dreyfus étant accusé d'avoir livré des documents secrets à l'Allemagne. D'abord d'ordre diplomatique, militaire et judiciaire, l'affaire glisse bientôt sur le terrain politique, nationaliste et antisémite, Dreyfus étant d'origine juive. Ce dernier sera condamné à la dégradation militaire et à la déportation (bagne de l'île du Diable en Guyane) en décembre 1894 grâce à de faux documents glissés dans le dossier. La société française se divisera, parfois violemment, en deux camps irréconciliables : dreyfusards et anti-dreyfusards. Parmi les premiers, Émile Zola écrira en janvier 1898 un retentissant article adressé à Félix Faure, alors président de la République (1895-1899), dans le journal *L'Aurore* : « J'accuse », prenant ainsi fait et cause pour Dreyfus et dénonçant un complot. Un procès en révision aura lieu en septembre 1899, dans une salle du lycée de Rennes où Jarry était élève. Condamné de nouveau, Dreyfus est finalement gracié la même année par le président de la République Émile Loubet (1899-1906) et réhabilité en 1906.

Les grandes lois

L'instruction publique

Jules Ferry, ministre de l'Instruction publique à partir de 1879 puis chef du gouvernement en 1880, souhaite soustraire l'enseignement à l'influence des religieux (messe et catéchisme obligatoires) et faire des jeunes enfants de futurs citoyens instruits, bons républicains et bons patriotes. Il fait voter coup sur coup, en 1881 et 1882, plusieurs lois qui instaurent les bases du système scolaire tel que nous le connaissons aujourd'hui : laïcité et gratuité de l'enseignement primaire devenu obligatoire jusqu'à 13 ans.

Contexte

Séparation de l'Église et de l'État

Après une pause d'une vingtaine d'années, les débats sur la laïcisation nécessaire de la société française reprendront avec une vigueur accrue lorsque la coalition de gauche menée par Waldeck-Rousseau prendra le pouvoir et fera voter en 1901 une loi instaurant à la fois le droit d'association et l'obligation d'une autorisation légale pour les congrégations religieuses dont le gouvernement veut limiter l'action dans le domaine de l'enseignement. Les tensions seront alors très vives avec l'Église ; elles connaîtront leur apogée avec la rupture de toute relation avec le Vatican et l'adoption en 1905 de la loi de séparation de l'Église et de l'État.

Un pays moderne et rural, riche et précaire

Précarité sociale

La France est un pays riche et en pointe, qui se développe et se modernise, mais dont la population est majoritairement rurale. Parallèlement, la classe ouvrière ne cesse de croître dans les villes. Et bien que les premiers syndicats soient officiellement reconnus en 1884 et qu'une frange de la classe politique se préoccupe des droits sociaux, les droits des ouvriers ne sont guère reconnus.

Les avancées sont lentes mais il y en a. En 1874, une loi interdit d'employer un enfant de moins de 12 ans et limite à 12 heures par jour son temps de travail, ainsi que celui des femmes, le dimanche étant obligatoirement chômé. En 1898, une loi rend le patronat responsable en cas d'accident. Dans les premières années du XXe siècle, les lois se succèdent sur les conditions de travail, la sécurité, le repos des ouvriers, les retraites ou la durée du temps de travail, mais leur application est lente et peu contrôlée. Pourtant, elles deviennent de plus en plus nécessaires dans un pays où les progrès techniques et le développement industriel sont importants.

Progrès techniques et croissance économique

Les progrès techniques sont considérables : développement du train et de l'automobile, débuts de l'aviation (Clément Ader en 1890), invention du cinématographe (les frères Lumière en 1895), perfectionnement des techniques photographiques, mécanisation… Cette époque voit aussi la modernisation de l'architecture par l'utilisation du métal, qu'illustrent le chantier de la tour Eiffel (1889) et la réalisation de la première ligne du métro parisien (1900)… Ces deux derniers exemples sont liés aux deux Expositions Universelles organisées par la France dans la période qui nous intéresse et censées montrer au monde entier l'avancée technologique française et son dynamisme industriel.

L'Empire colonial français

La richesse de la France est également liée à son expansionnisme. En 1906 (à Marseille) et en 1907 (à Paris), les Expositions coloniales montrent l'ampleur de l'Empire français, qui s'étend sur tous les continents et qui surtout ne cesse d'annexer de nouveaux territoires : pour la période qui nous intéresse, citons le Tonkin (1873), le Congo (1880) et Madagascar (1896), à quoi s'ajoutent la création de l'Afrique-Occidentale française dès 1895 (gouvernement général regroupant en fédération quatre puis huit territoires français en 1904, dont le Sénégal, la Côte-d'Ivoire et le Soudan) et celle de l'Afrique-Équatoriale française en 1910 (regroupant quatre territoires, dont le Tchad). L'expansionnisme dont fait preuve la République à la suite du Second Empire est à la fois lié aux richesses nouvelles ainsi acquises et à une volonté civilisatrice, extrêmement présente, qu'elle soit missionnaire et catholique ou laïque.

Et en Pologne ?

En Pologne, rien ! Lorsque Jarry, à la fin de la conférence qui ouvre la représentation d'*Ubu Roi* en 1896, dit que l'action se situe en Pologne, « *c'est-à-dire nulle part* », il a raison : la Pologne n'existe plus ou pas encore. Elle a été progressivement démembrée à partir de 1772 et n'existe plus du tout à partir de 1795, malgré une courte résurrection entre 1807 et 1814. La Russie, la Prusse et l'Autriche, au congrès de Vienne (1815), se sont partagé le territoire polonais. Il reste cependant une conscience nationale polonaise et un peuple qui se révolte en 1830-1831 et 1861-1863, sans succès. La Pologne ne renaîtra qu'après la mort de Jarry, en 1918, grâce au traité de Versailles.

Dégradation du capitaine Dreyfus.

Jarry en son temps

	Vie et œuvre d'Alfred Jarry	Événements historiques et culturels
1870		Guerre franco-allemande. Chute du Second Empire. IIIe République (1870-1940).
1871		Commune de Paris.
1872		C. Monet, *Impression, soleil levant*.
1873	Naissance à Laval.	
1876		Invention du téléphone (brevet de Bell mais invention de Meucci).
1879	Installation à Saint-Brieuc avec sa mère et sa sœur.	Jules Vallès, *L'Enfant*.
1882		Lois de Jules Ferry sur l'école laïque, gratuite et obligatoire.
1885	Premiers poèmes et comédies en vers.	Mort de Victor Hugo. Guy de Maupassant, *Bel-Ami*.
1887		Fondation du Théâtre-Libre par André Antoine.
1888	Installation à Rennes. M. Hébert, « modèle » du Père Ubu, est son professeur de physique. Élaboration avec les frères Morin du spectacle de marionnettes *Les Polonais*, ébauche d'*Ubu Roi*.	Erik Satie, *Trois Gymnopédies*.
1889		Exposition Universelle (tour Eiffel). Van Gogh, *Autoportrait à l'oreille bandée*.
1891	Installation à Paris. Études au lycée Henri-IV.	Mort d'Arthur Rimbaud.
1892		Maurice Maeterlinck, *Pelléas et Mélisande*. Attentats anarchistes : exécution de Ravachol.
1893	Décès de sa mère. Premiers textes publiés dans des journaux.	Fondation du théâtre de l'Œuvre par Aurélien Lugné-Poe.

Chronologie

	Vie et œuvre d'Alfred Jarry	Événements historiques et culturels
1894	Fondation de la revue d'art *L'Ymagier*, avec Remy de Gourmont. Lecture d'*Ubu Roi*. Publication de son premier livre, *Les Minutes de sable mémorial*. En novembre, service militaire (est réformé un an plus tard).	Début de l'affaire Dreyfus, qui secouera la société française pendant plus de 10 ans. Claude Debussy, *Prélude à l'après-midi d'un faune*. Jules Renard, *Poil de Carotte*.
1895	Décès de son père.	Première séance de cinéma par les frères Lumière.
1896	Acquisition d'une magnifique bicyclette qui l'endette à vie. Publication d'*Ubu Roi*, en revue puis en volume, et «*De l'inutilité du théâtre au théâtre.*» 9 et 10 décembre : représentations d'*Ubu Roi* au théâtre de l'Œuvre.	Premiers jeux Olympiques de l'ère moderne à Athènes.
1897	Sans un sou, vie très inconfortable et fréquents déménagements. 2 mars : au cours d'un banquet littéraire, tire au revolver sur l'écrivain belge Christian Beck.	Edmond Rostand, *Cyrano de Bergerac*. André Gide, *Les Nourritures terrestres*.
1898	Nouvelle création d'*Ubu Roi* par le théâtre des Pantins (marionnettes). *L'Amour en visites* (recueil).	Émile Zola, «J'accuse».
1900	*Ubu enchaîné*. *Messaline* (roman).	Ouverture de la ligne n° 1 du métro parisien (Exposition Universelle).
1901	*Ubu sur la butte*.	
1902	*Le Surmâle, roman moderne*.	Mort d'Émile Zola.
1903		Premier Tour de France cycliste.
1905	Sans ressources, tombe malade, boit beaucoup, mange peu et n'a pas de quoi se chauffer.	Loi de séparation de l'Église et de l'État.
1906		Réhabilitation du capitaine Dreyfus.
1907	Décède le 1er novembre à Paris d'une méningite tuberculeuse.	Pablo Picasso, *Les Demoiselles d'Avignon*.

Structure d'Ubu Roi

Ubu Roi est une pièce écrite sous la forme d'une tragédie en cinq actes dont le déroulement est calqué sur celui de *Macbeth* de William Shakespeare (*cf.* p. 146). Mais là où Shakespeare vise, comme dans le théâtre grec, à l'éducation civique et morale des spectateurs, Jarry, lui, vise à choquer et à faire rire en dynamitant les codes théâtraux.

Le canevas d'une tragédie shakespearienne

Acte I : la conspiration
- Mère Ubu incite et convainc Père Ubu d'assassiner le roi Venceslas pour prendre sa place (sc. 1).
- Père Ubu rencontre ses alliés et pactise avec le capitaine Bordure (sc. 2 à 4).
- Père Ubu est invité par le roi à la cérémonie du lendemain (sc. 5 et 6).
- Père Ubu arrête avec Bordure le plan du meurtre du roi (sc. 7).

Acte II : le coup d'État
- Père Ubu et ses partisans tuent le roi et sa famille (sc. 2 et 3). Mais Bougrelas, l'un des fils du roi, et Rosemonde, la reine, s'enfuient (sc. 4).
- La fin de l'acte est marquée par les festivités du couronnement (sc. 7).

Acte III : le règne
- Père Ubu règne en tyran sur la Pologne (sc. 1 à 5) :
– il ne tient pas les promesses faites à Bordure (sc. 1) ;
– il massacre les nobles (sc. 2) ;

structure de la pièce

– il ponctionne les paysans (sc. 3 et 4) ;
– il a fait enfermer et enchaîner le capitaine Bordure (sc. 5).
• Mais Père Ubu court à la catastrophe (sc. 6 et 7) :
– Bordure le trahit (sc. 6) ;
– les impôts ne rentrent pas (sc. 7) et Bougrelas se prépare à l'attaquer avec les Russes.
• Père Ubu doit donc partir en guerre (sc. 8).

structure de la pièce

Acte IV : la guerre
• Mère Ubu profite de l'absence d'Ubu pour voler le trésor royal (sc. 1) et échappe de peu aux rebelles polonais (sc. 2).
• Père Ubu, attaqué par les Russes, prend la fuite en abandonnant son armée (sc. 3 et 4).
• Père Ubu se retrouve dans une caverne avec Pile et Cotice (sc. 5).
• Ils tuent un ours et le mangent (sc. 6).
• Père Ubu s'endort et revoit la bataille en rêve (sc. 7).

Acte V : la fuite
• Mère Ubu rejoint Père Ubu dans la grotte. Elle se fait passer pour une apparition afin d'obtenir son pardon pour le vol du trésor (sc. 1).
• Bougrelas fait irruption (sc. 2).
• Après un bref combat, les Ubu fuient, à pied (sc. 3) puis en bateau (sc. 4).

Un canevas déconstruit

Ce serait cependant passer à côté de la pièce que d'en réduire la structure à ce canevas apparent : à chaque étape, Jarry dynamite volontairement les codes de la tragédie, notamment par une organisation erratique des lieux.

structure de la pièce

L'espace théâtral est en effet déroutant : dès l'acte I, on passe sans transition de la chambre d'Ubu (sc. 2) au palais du roi Venceslas (sc. 6) pour revenir ensuite chez Ubu. Ces errements dans les décors sont constants : l'acte II commence sur le parvis du palais de Venceslas et se termine dans une caverne après un détour dans la chambre de la reine... De même dans l'acte III, où les personnages vont du palais d'Ubu à celui de Moscou, en passant par une maison de paysans, pour finir sur un champ de bataille. Dans l'acte IV, on va de la crypte des rois à Varsovie à une caverne en Lituanie. La mère Ubu traverse ainsi la Pologne pour se trouver, presque simultanément, dans ces deux lieux. L'acte V, enfin, commence dans la caverne et se termine sur le pont d'un bateau.

L'espace mis en scène ne correspond donc ni à celui du théâtre classique (un lieu constant ou, à tout le moins, un lieu par acte) ni à celui du théâtre ouvert élisabéthain fondé sur une scène comportant plusieurs lieux proches (l'avant-scène, la scène, l'arrière-scène, le balcon), sur lesquels se déroulent des actions qui peuvent être simultanées. L'objectif est évidemment de détruire les codes classiques du théâtre et de la représentation de l'histoire en en montrant le côté fictif et artificiel. Chaque grande étape de la pièce est marquée par un langage grossier (l'interjection « *Merdre* » en est l'emblème), qui réduit à néant le registre tragique susceptible de naître du canevas shakespearien.

Au total, la structure tragique disparaît au profit d'une vision poétique fondée sur le langage et l'absurde.

Histoire et postérité d'Ubu

Les Polonais, ébauche potache

Lorsqu'en 1888 Alfred Jarry intègre le lycée de Rennes, il a comme professeur de physique un certain Hébert, professeur extrêmement chahuté et aux dépens duquel s'est bâtie une geste d'esprit potache : aventures grotesques*, grossières et rocambolesques du Père Hébert, autrement appelé Père Heb, P. H. (appellation logique pour un professeur de physique), Eb, Ebé, Ebouille...

Jarry se lie assez vite avec les plus actifs des lycéens anti-Hébert : les frères Morin. Au mois de décembre 1888, le père Hébert est ainsi le héros d'une pièce pour marionnettes intitulée *Les Polonais*, jouée au domicile des Morin par les deux frères et quelques camarades du lycée. Par la suite, elle sera rejouée, chez les Morin ou chez Jarry, le plus souvent en marionnettes (le pantin principal étant l'œuvre de Charlotte, la sœur d'Alfred Jarry), mais aussi en théâtre d'ombres.

Sans doute Jarry a-t-il mis ensemble et organisé les textes déjà existants sur le P. H., mais nous ne savons pas exactement quelle a été sa part dans ce travail. La question n'est pas sans importance si l'on songe que *Ubu Roi* que nous présentons ici est la reprise un tant soit peu modifiée des *Polonais* (ce que rappelle le sous-titre d'*Ubu Roi* : « *Drame en cinq actes en prose restitué en son intégrité tel qu'il a été représenté par les marionnettes du Théâtre des Phynances en 1888* »). Le texte en étant malheureusement perdu, il est devenu difficile de déterminer la part de Jarry dans la pièce originale et celle des *Polonais* dans le texte définitif. Il est un fait certain, en revanche, que c'est à Jarry que nous devons bon nombre des noms de personnages, à commencer par celui du Père Ubu, l'expression « *Cornes au cul, Vive le Père Hébert !* » devenant par goût de la rime « *Cornes au*

* *Cf.* Lexique.

cul, Vive le Père Ubu ! ». Et c'est à Jarry surtout que nous devons de connaître la pièce, son mérite principal étant, selon André Degaine, d'avoir « *résisté à l'envie d'améliorer ce canular (pour marionnettes) de collégiens se moquant d'un prof* » (*Histoire du théâtre dessinée*, Nizet, 1992) et d'avoir fait du personnage d'Ubu une figure si mémorable et emblématique qu'elle a conduit à la formation, en 1922, de l'adjectif *ubuesque* (mélange de cruauté et de couardise).

La bataille d'Ubu Roi

En 1891, Jarry s'installe à Paris avec la pièce dans la poche. Ayant fait des rencontres intéressantes dans le milieu artistique et littéraire d'avant-garde, il parle autour de lui d'*Ubu Roi*, éveille la curiosité et organise, en 1894, une lecture. Aussi, lorsque la pièce est finalement éditée puis jouée en 1896, le personnage et le texte ne sont-ils pas totalement inconnus du public averti.
Grâce à sa rencontre avec le metteur en scène et comédien Aurélien Lugné-Poe, directeur du théâtre de l'Œuvre, dont Jarry a intégré l'équipe, *Ubu Roi* parvient à être représenté dans un vrai théâtre : une petite salle à l'italienne de la rue Blanche. Les deux uniques représentations ont lieu les 9 et 10 décembre 1896 (répétition générale et première) et font date dans l'histoire du théâtre. Des articles paraissent les jours suivants dans les journaux pour évoquer le « scandale » de la représentation (scandale mi-spontané, mi-orchestré) et parfois défendre la pièce (Catulle Mendès et Henry Bauër, qui y perdra sa place). Il faut dire que les spectateurs de 1896 n'étaient pas habitués ni préparés à voir un tel spectacle : avant la représentation proprement dite, Jarry débite d'une voix morne et inintelligible un texte de présentation d'*Ubu Roi* ; sur la scène subsiste le décor d'une autre pièce, juste retourné ; Jarry, pour indiquer les lieux

Histoire et postérité d'Ubu

où sont censées se dérouler les scènes, utilise des pancartes ; les costumes et les masques prévus ne sont pas tous terminés ; les acteurs n'ont pas répété et ne savent pas forcément leur texte, mais cela n'a guère d'importance car bientôt le tapage fait par les spectateurs empêche d'écouter ; les comédiens, livrés à eux-mêmes, hurlent et Gémier, célèbre acteur de l'époque en charge du rôle d'Ubu, danse la gigue et sonne d'une corne de tramway qu'il avait apportée pour le cas probable où il y aurait du raffut. Le spectacle d'ailleurs ne va pas à son terme.

Voilà donc la représentation d'*Ubu Roi* que l'histoire a retenue. On peut avoir l'impression que, par cette improvisation, Jarry a saboté sa propre pièce, mais ce n'est pas le cas : ce que cet auteur cherche à saper, c'est le théâtre de son temps.

Le cycle d'Ubu

Des représentations d'*Ubu Roi* du vivant de Jarry, il y en eut d'autres, mais moins scandaleuses, car sous forme de lectures pour des cercles d'amis ou bien en marionnettes (forme théâtrale qui laisse bien plus de liberté). Ainsi, en janvier 1898, le théâtre des Pantins en fait-il une représentation avec des marionnettes spécialement réalisées par le peintre Pierre Bonnard (sauf Ubu, réalisé par Jarry) et une musique composée pour l'occasion par Claude Terrasse.

Pour Jarry, *Ubu Roi* n'est pas une pièce figée : au gré des représentations et des éditions, il tranche dans le texte, le raccourcit, lui ajoute ou déplace certains éléments. Ainsi trouve-t-on le texte entier d'*Ubu Roi* dans l'un des actes de *César-antéchrist* (1894) ; à l'inverse, *Ubu sur la butte* (1901, publié en 1906) présente un condensé d'*Ubu Roi* précédé d'un prologue mettant en scène Guignol. À noter qu'en 1900, le texte est de nouveau publié aux éditions de *La Revue blanche* : le mot « *roi* »

Histoire et postérité d'Ubu

du titre a perdu sa majuscule et la pièce est présentée comme une comédie* et non plus un drame.

Tout au long de sa vie, Jarry fera d'Ubu le personnage principal de divers écrits, poursuivant ainsi le cycle d'Ubu : *Ubu cocu*, entamé alors qu'il est encore à Rennes ; *Les Paralipomènes d'Ubu* (1896) ; *Ubu enchaîné*, aux alentours de 1900, pensé comme le pendant d'*Ubu Roi* ; les *Almanachs du Père Ubu*, enfin, publiés en 1899 et 1901, où l'on trouve de nombreuses représentations d'Ubu, que Jarry s'est toujours amusé à dessiner, nous livrant ainsi la silhouette pittoresque du personnage. Ainsi Ubu aura-t-il été présent tout au long de la vie littéraire et sociale de Jarry qui, malgré le caractère peu valorisant du personnage, s'identifiera à lui, signant même *Ubu* certaines des lettres envoyées à ses amis.

Postérité

Ubu Roi était malléable du vivant de Jarry, il le restera dans sa postérité. Ubu est un caractère et a des attributs, comme un personnage de *commedia dell'arte**, et c'est aussi un pantin, comme Guignol. Ceux qui monteront *Ubu Roi* se sentiront parfois autorisés à faire de la pièce un matériau brut à partir duquel travailler, une trame dont les seuls invariants sont le couple Ubu, la situation (Ubu usurpateur du trône de Pologne), le vocabulaire pittoresque du personnage (pas d'Ubu sans « *merdre* ») et une certaine identité visuelle qui doit beaucoup aux dessins de Jarry lui-même. Après un long oubli réparé en 1958 par Jean Vilar sur les planches et en 1965 par Jean-Christophe Averty à la télévision, *Ubu Roi* n'a plus cessé d'être représenté, les metteurs en scène s'intéressant soit à la dimension plastique de la pièce, soit, le plus souvent, à la dimension politique d'Ubu, allégorie* de l'arbitraire dictatorial (*cf.* p. 162).

* *Cf.* Lexique.

L'invention d'un nouveau genre au théâtre ?

Il est d'autant plus difficile de définir le genre d'*Ubu Roi* qu'il semble que son auteur ait précisément voulu interdire le rattachement de la pièce à un quelconque genre théâtral. En effet, tout est présenté comme un drame* dans l'édition originale puis dans la dédicace à Marcel Schwob. Pourtant, la pièce prend la forme traditionnelle de la tragédie (cinq actes, présence du mot « *Roi* » dans le titre), mais en en bafouant constamment et presque avec agressivité les règles. En effet, la bienséance, la vraisemblance, la règle des trois unités sont constamment battues en brèche. Enfin, la grossièreté, le registre bas et corporel qui émaillent la pièce et les personnages caricaturaux rangent celle-ci du côté de la farce. Pour comprendre la démarche d'Alfred Jarry, il convient d'analyser le mélange des genres théâtraux dans la pièce et de replacer celle-ci dans la perspective de sa création (*cf.* p. 139) et de la création théâtrale à la fin du XIXe siècle.

Le mélange des genres théâtraux

Les références à la tragédie et au drame romantique

Le titre *Ubu Roi* renvoie presque directement à l'*Œdipe roi* de Sophocle, c'est-à-dire à l'origine même de la tragédie. Cela est d'autant plus vrai que l'argument de la pièce – le meurtre d'un roi par un de ses capitaines qui veut s'emparer de sa couronne – ressemble à celui de la tragédie *Macbeth* de Shakespeare ou au drame *Cromwell* de Victor Hugo.

* *Cf.* Lexique.

Le genre

Plusieurs allusions à *Macbeth* émaillent la pièce : la première scène de l'acte I ; la réplique du capitaine Bordure « *Moi je suis d'avis de lui ficher un grand coup d'épée qui le fendra de la tête à la ceinture* » (I, 7), qui rappelle celle du soldat (I, 1). De même, la scène des fantômes (II, 5) qui viennent demander vengeance à Bougrelas fait allusion à *Hamlet* du même Shakespeare. Plus loin, la scène du conseil (III, 7) rappelle celle dans *Ruy Blas* (III, 2) de Victor Hugo. Et l'on pourrait encore citer *Richard II* et *Richard III* de Shakespeare, *Cinna* de Corneille, *Britannicus* de Racine ou *Hernani* d'Hugo.

En outre, la construction en cinq actes, le sujet politique et les renvois historiques font aussi référence à l'univers de la tragédie. Mais cet univers est traité sur le mode de la parodie*, du décalage et de la dérision, de sorte que le drame* annoncé se révèle un mélange de comédie* et de farce.

Les procédés comiques* de la farce et de la comédie

La farce est un genre littéraire qui remonte au Moyen Âge (XIIIe siècle) et prend sa source dans les fabliaux, courts récits populaires et satiriques*. Au départ, la farce s'insère dans un « mystère », pièce à sujet biblique. La représentation de ces « mystères » durait plusieurs jours et ils se jouaient en plein air pour toute la population d'une ville, la farce ayant pour fonction de relancer l'attention des spectateurs en les divertissant par un contrepoint comique.

Ces farces ont ensuite été séparées et jouées pour elles-mêmes. 150 œuvres sont parvenues jusqu'à nous, dont la plus célèbre, *La Farce de Maître Pathelin,* date des années 1460 environ. Le genre est pratiqué jusqu'au XVIIIe siècle. Molière en particulier, au XVIIe siècle, en écrit et en joue plusieurs avec succès. Certaines de ces farces, comme *Le Médecin volant* ou *La Jalousie du barbouillé*, nous sont parvenues mais la plupart ont été perdues.

* *Cf*. Lexique.

Le genre

Le Médecin malgré lui, adaptation du fabliau du Moyen Âge *Le Vilain Mire*, est sa farce la plus élaborée, au point qu'il s'agit presque d'une comédie*.

Genre théâtral carnavalesque, la farce ridiculise les puissants et les forts, qui y sont bernés, volés, rossés, couverts d'ordures, pour le plus grand plaisir du public. Ces courtes pièces sont jouées lors des foires ou des grands marchés et n'ont d'autre but que de faire rire un public populaire de paysans et de villageois peu cultivés et souvent analphabètes.

La farce est une pièce comique* simple. Elle fait appel à des situations basiques de la vie courante (la scène de ménage, par exemple) et montre des personnages qui sont des types caricaturaux à une seule dimension (le mari cocu, le curé paillard, la femme gourmande, etc.) et à un langage volontairement grossier.

À l'inverse, la comédie est un genre comique plus élaboré : les personnages, plus approfondis, ont une épaisseur et ne se résument pas à des types ; l'argument est plus complexe et croise plusieurs fils ; le sujet est plus élevé (l'éducation des filles dans *L'École des femmes* de Molière, par exemple). Cependant, la comédie contient souvent des éléments qui relèvent du comique particulier de la farce.

Les procédés typiques de la farce sont très présents dans *Ubu Roi*. On peut d'abord faire allusion au comique de geste, comme les coups que s'échangent, à la manière d'un couple de farce moliéresque, le Père et la Mère Ubu : « *Ah ! tu m'injuries, Mère Ubu, je vais te mettre en morceaux.* (La Mère Ubu se sauve poursuivie par le Père Ubu.) » (III, 1). Autres éléments typiques de la farce, la présence fréquente du thème de la nourriture, voire de la goinfrerie (repas des scènes 2 et 3 de l'acte I), et le recours à un vocabulaire grossier *(« merdre », « bouffre »)* et à un humour parfois scatologique. Ainsi ce détail, avant l'attaque

* *Cf*. Lexique.

Le genre

de l'armée russe (IV, 3) : « *Dites aux soldats, Seigneur Général, de faire leurs besoins et d'entonner la Chanson à Finances.* » L'ensemble des genres comiques* de l'époque sont en fait convoqués : le vaudeville*, avec les allusions aux amours du Palotin Giron et de la Mère Ubu ; le mélodrame*, avec les répliques caricaturales de Bougrelas après l'assassinat de son père et de ses frères : « *Ô mon Dieu ! qu'il est triste de se voir seul à quatorze ans avec une vengeance terrible à poursuivre !* » (II, 5). La comédie* est aussi présente, par exemple, à travers les personnages de Père Ubu et de Mère Ubu, le substantif précédant leur patronyme les désignant plus comme un ménage de barbons* de comédies que comme un couple tragique. Ces deux caractères et leur entourage nous placent ainsi dans un univers constamment petit-bourgeois, médiocre, où l'on est obsédé par son enrichissement, son confort, la nourriture, parfois jusqu'à la nausée. Dans *Ubu Roi*, toute situation susceptible de devenir grandiose ou noble est immédiatement désamorcée par un élément de contrepoint qui la rend grotesque* et la transforme en parodie*.

Parodie et décalage

Le genre de la parodie consiste à imiter de façon reconnaissable et comique un style. À l'évidence, la pièce de Jarry est une parodie du *Macbeth* de Shakespeare. Dans cette tragédie datant de 1605, en effet, Macbeth assassine son hôte Duncan, roi d'Écosse, sur les conseils de sa femme, la terrible Lady Macbeth, et s'assoit sur son trône. Pour conserver la couronne, il multiplie les crimes, jusqu'à tuer son ami Banquo, dont le meurtre le hante. Mais son châtiment, annoncé par les sorcières, arrive : son château est investi et Macbeth périt dans la mêlée. Si ce résumé et ces personnages font irrémédiablement penser à la pièce de Jarry (*cf.* p. 136), l'intention et l'atmosphère ne sont cependant pas les mêmes : le premier mot (« *Merdre* ») donne le

* *Cf.* Lexique.

Le genre

ton tout en étant un exemple frappant du décalage constant de la pièce. On s'attend à un roi, on voit s'avancer un personnage ridicule proférant une grossièreté si choquante qu'elle est pour ainsi dire devenue le symbole de la pièce et l'emblème du personnage d'Ubu.

Au-delà de ce mot, qui revient très souvent, la première scène et la pièce dans son ensemble recourent en permanence à divers mécanismes de décalage : par le vocabulaire (« *coupe-chou* », « *fiole* », « *cul* », etc.) comme par les réactions des personnages et les ruptures de registre. Par exemple, lorsque Mère Ubu invite Père Ubu à s'emparer du trône de Venceslas (I, 1), ce dernier peine à comprendre et refuse, se contentant de son modeste sort de « *capitaine de dragons* » et revendiquant le respect de sa tranquillité. Pour le motiver, Mère Ubu emploie alors des arguments que leur trivialité rend incongrus dans l'univers tragique : « *Tu pourrais augmenter indéfiniment tes richesses, manger indéfiniment de l'andouille et rouler carrosse par les rues.* » Un peu plus loin, les emblèmes du pouvoir royal – le sceptre et la cape – sont tournés en dérision : « *Tu pourrais aussi te procurer un parapluie et un grand caban qui te tomberait sur les talons.* » Les allusions à la tragédie ou au drame* historique sont, pour leur part, systématiquement traitées sur le mode parodique*, de sorte qu'au moment même où le spectateur voit se construire un univers tragique, celui-ci se défait sous ses yeux. De plus, ces allusions sont systématiquement accompagnées d'éléments décalés qui vident l'action de sa portée tragique en ramenant la scène à des proportions triviales et risibles.

Le monologue de la Mère Ubu, au début de l'acte V, est un exemple éclairant de cette déconstruction. Conformément à la tradition tragique, l'héroïne fait ici un récit pathétique* et grandiloquent de ce qui vient d'arriver : « *Traverser toute la Pologne en quatre jours ! Tous les malheurs m'ont assaillie à la*

* *Cf.* Lexique.

Le genre

fois. » Mais, dès la phrase suivante, elle désigne le Père Ubu par le syntagme familier de « *grosse bourrique* » puis par celui de « *gros polichinelle* ». Elle émaille ensuite son discours de plaisanteries : « *Il se serait fait couper en deux pour moi le pauvre garçon. La preuve c'est qu'il a été coupé en quatre par Bougrelas.* »

On le voit bien : même si le cadre est tragique, l'ensemble vire à la farce et prend une tournure burlesque* dans la mesure où les situations nobles et dramatiques (coup d'État, meurtres, alliances politiques, guerres...), qui appartiennent au registre de la tragédie, sont toujours transcrites dans un registre bas et décalé.

Le dérèglement de tous les genres

Le « drame* » annoncé se révèle une pièce hésitant entre la farce et la comédie*, mélangeant les registres et les genres. Au-delà de l'aspect simplement comique*, de la farce potache à l'origine de la création de cette pièce, il semble que l'intention de Jarry ait été de renouveler complètement les conditions de l'art dramatique.

La remise en cause des catégories classiques

Dans *Ubu Roi,* Jarry s'emploie à dynamiter méthodiquement les catégories classiques de la composition dramatique, définies par Aristote dans sa *Poétique* et par Nicolas Boileau, théoricien du classicisme, dans son *Art poétique* : la vraisemblance, la bienséance, les trois unités (temps, action et lieu) et la séparation des spectacles dramatiques en genres hiérarchisés (la comédie, la tragédie) et en principe étanches les uns aux autres.

La vraisemblance est détruite dès la liste des personnages. Par son ampleur, la distribution ressemble à celle d'un drame

* *Cf.* Lexique.

Le genre

romantique à sujet historique mais cette impression est ruinée par la présence de machines et d'animaux qui ridiculise la notion réaliste de personnages.

De même, cette distribution indique « *toute* » l'armée russe et « *toute* » l'armée polonaise. Comment faire tenir en scène autant de gens ? La précision apportée par l'adjectif n'a d'autre but que d'indiquer ce qu'est le théâtre : une représentation fictive.

Les noms des personnages méritent aussi qu'on s'y attarde : Stanislas Leczinski et Jean Sobieski sont les noms de deux rois de Pologne, mais ici ils jouent un rôle modeste, l'un de paysan (III, 4) et l'autre de soldat allié à Bougrelas (V, 2) ; enfin, les noms des Palotins Pile, Cotice et Giron, et celui du capitaine Bordure sont tirés de l'héraldique, science qui permet de décrire les blasons, les armoiries, comme pour montrer à nouveau que le théâtre est un monde de signes, d'apparence, et non de personnages.

La bienséance est mise à mal de plusieurs façons : par les allusions constantes aux manifestations corporelles, par les grossièretés, par la bassesse des sentiments du couple Ubu, mais aussi par le déroulement de meurtres et d'un massacre sur scène (massacre du roi Venceslas et de sa famille à la scène 2 de l'acte II, scène du crochet à nobles à la scène 2 de l'acte III).

La règle classique des trois unités est aussi remise en cause. La pièce ne respecte pas l'unité d'action : Ubu prend le pouvoir, puis l'exerce et le perd lorsque Bougrelas le reprend avec l'aide du tsar russe. La durée du drame est malaisée à fixer et semble finalement importer peu : plusieurs indications temporelles (« *Dans quelques jours, si vous voulez, je règne en Pologne* » ; « *trouve-toi demain matin à la grande revue* » ; etc.) témoignent du non-respect de la règle des vingt-quatre heures. Enfin,

Le genre

comme nous l'avons vu précédemment (*cf.* p. 138), Jarry dynamite l'unité de lieu, changeant de décor et de localisation d'une scène à l'autre.

L'invention d'une nouvelle forme théâtrale

Peu avant *Ubu Roi*, en 1896, Jarry publie « De l'inutilité du théâtre au théâtre », article dont le titre provocateur expose les conceptions théâtrales illustrées par sa pièce. Il y affirme l'inutilité du décor « naturel » et la nécessité pour les acteurs de s'effacer devant leur personnage en se masquant : « *L'acteur devra substituer à sa tête, au moyen d'un masque l'enfermant, l'effigie du personnage.* » Il supprime ainsi deux éléments fondamentaux de l'art dramatique à l'époque : le jeu des acteurs et la création d'un décor donnant l'illusion que la scène se déroule dans la réalité – ce qui était l'objectif des pièces naturalistes de l'époque qui ambitionnaient de donner à voir des tranches de vie.

Jarry s'élève contre ce réalisme illusoire et convenu qu'il estime réservé à la foule des ignorants. Il s'adresse, pour sa part, à un public choisi, regrettant de ne pouvoir expulser violemment du théâtre « *celui qui ne comprend pas* ».

À la place de ces oripeaux théâtraux destinés à créer l'illusion, Jarry insiste sur le caractère du personnage et la nécessité pour le dramaturge de créer un « *personnage qui soit un nouvel être* » (« Réponses à un questionnaire »), en s'appuyant sur l'exemple du personnage d'Hamlet « *plus vivant qu'un homme qui passe, car il est plus compliqué avec plus de synthèse, et même seul vivant, car il est une abstraction qui marche* ». Jarry propose ainsi un caractère, celui d'Ubu, fait d'un langage – caractérisé par les néologismes* « rastron », « boudouille », « gidouille », « merdre », « bouffre » –, d'un masque et d'un costume.

* *Cf.* Lexique.

Le théâtre fin de siècle

À l'époque d'*Ubu Roi*, deux tendances s'affrontent dans l'avant-garde théâtrale. Elles s'incarnent dans deux théâtres différents. D'un côté, le Théâtre-Libre d'André Antoine représente la veine réaliste et naturaliste. De l'autre, le théâtre de l'Œuvre d'Aurélien Lugné-Poe, successeur du théâtre d'Art de Paul Fort, défend le symbolisme et incarne l'avant-garde.

Mais, lorsque Jarry convainc Aurélien Lugné-Poe de représenter *Ubu Roi*, pour deux uniques représentations, la pièce tombe comme un météorite dans les cercles restreints des milieux informés et brise les conventions théâtrales en vigueur : on ne sait où la classer. On ne peut pas non plus la rapprocher d'une autre pièce d'une facture beaucoup plus classique qui apparaît presque au même moment, à savoir la comédie héroïque *Cyrano de Bergerac* d'Edmond Rostand, pièce qui lui est presque contemporaine (elle est jouée le 27 décembre 1897). Mais, de l'art presque pompier, tant il est ronflant et allégorique*, de Rostand jusqu'à l'avant-garde la plus iconoclaste de Jarry, c'est la même inquiétude fin de siècle qui transparaît.

En déplaçant les frontières entre les genres et les écoles dans *Ubu Roi*, Jarry se moque du naturalisme, du symbolisme et bien sûr, aussi, de l'héroïsme, qu'il dépasse pour inventer une sorte de « théâtre de l'absurde* ».

Le théâtre naturaliste

Le naturalisme veut montrer le réel et la vérité de la vie sociale, la nature au théâtre, en s'appuyant sur un dispositif scénique qui efface l'illusion théâtrale. Le rideau de scène devient le quatrième mur de la pièce et les acteurs peuvent paraître dos au public. La représentation est parfois très crue au point de

* *Cf.* Lexique.

Le courant littéraire

choquer. Les costumes viennent de chez le fripier, les décors sont faits de meubles de récupération. Car ce théâtre est aussi un théâtre d'essais et qui dispose de peu de moyens !

Cette veine est celle du Théâtre-Libre créé en 1887 par André Antoine. Ce théâtre fonctionne d'abord comme une société d'abonnés, où chaque pièce n'est présentée que trois fois. Il n'est donc pas un lieu public et peut ainsi échapper à la censure. En activité de 1887 à 1894, André Antoine et sa troupe s'installent d'abord dans un minuscule théâtre situé dans les environs de la place Pigalle et se spécialisent dans les pièces naturalistes (la première pièce est une adaptation de la nouvelle *Jacques Damour* de Zola). La troupe connaît un réel succès, elle joue dans d'autres théâtres et élargit son répertoire. André Antoine introduit des auteurs étrangers comme Strindberg et Ibsen, dont il donne une vision naturaliste en s'intéressant à la pathologie et à l'hérédité des personnages. Il lance aussi Courteline et produit de nombreuses comédies de mœurs bourgeoises. Fort de son succès, André Antoine devient le directeur du théâtre de l'Odéon où il imposera ses vues durant 7 ans et produira 364 pièces.

Du symbolisme à l'avant-garde

Paul Fort et le théâtre d'Art

Les symbolistes, pour leur part, sont révoltés par le réalisme de l'esthétique naturaliste et revendiquent, dans le droit fil des poètes parnassiens* (Gautier, Heredia, Leconte de Lisle, qui défendent la théorie de « *l'art pour l'art* »), plus de liberté. L'art ne doit pas, bien au contraire, être asservi à la représentation de la réalité. Ils prônent, en réaction contre l'emprise du positivisme*, une poésie fondée sur l'émotion, la suggestion et des sensations secrètes et plutôt impalpables.

* *Cf.* Lexique.

Le courant littéraire

C'est le futur poète Paul Fort, alors âgé de 18 ans, qui crée, sur le modèle de la société d'abonnés du Théâtre-Libre, le théâtre d'Art en 1890. C'est une gageure car, même si les symbolistes, fascinés par le drame* wagnérien, sont séduits par l'idée d'un spectacle total, ils n'aiment pas le théâtre. Ou plutôt, comme l'a écrit Camille Mauclair, principal théoricien du drame symboliste, le symbolisme était-il « *incapable, de par ses principes mêmes, de se manifester au théâtre* ». Le répertoire symboliste (Quillard, Remy de Gourmont, Maeterlinck...) est en effet bien maigre et a davantage abouti à des théories qu'à des œuvres. De sorte que Paul Fort dut monter des soirées poétiques.

En 1891, pour se moquer du style du Théâtre-Libre, Paul Fort montera la pièce au dialogue très cru de Frédéric de Chirac, *Prostituée*, véritable caricature du style naturaliste.

Un style théâtral nouveau s'élabore pourtant : on fait l'obscurité dans la salle, les décors sont peints par des amis peintres du groupe des nabis (Bonnard, Vuillard, Paul Sérusier...). En 1891, Paul Fort obtient de Maurice Maeterlinck qu'il lui cède deux pièces : *L'Intruse*, qui raconte l'irruption de la mort dans une famille, et *Les Aveugles*, où un groupe d'aveugles perd son guide en fait mort parmi eux sans qu'ils s'en soient rendu compte... Mais Paul Fort manque d'expérience et, ruiné, doit cesser ses activités en 1892.

Lugné-Poe et le théâtre de l'Œuvre

Aurélien Lugné-Poe, jeune acteur transfuge du Théâtre-Libre et collaborateur du théâtre d'Art, va prendre la relève. Il demande à titre personnel à Maurice Maeterlinck de lui donner sa pièce *Pelléas et Mélisande*. Malgré un texte très poétique, le succès est mitigé car les personnages sont fades et l'intrigue peu dynamique. Mais sa représentation aux Bouffes-Parisiens, le 17 mai 1893, est historique et annonce la création du théâtre de l'Œuvre en octobre.

* *Cf. Lexique.*

Aurélien Marie Lugné,
dit Lugné-Poe (1869-1940).

Lugné-Poe installe ensuite son théâtre rue Turgot. Il joue de jeunes auteurs dramatiques (Quillard, Romain Rolland...) mais plus souvent des auteurs scandinaves (Ibsen et Strindberg), découverts par le Théâtre-Libre, qu'il réinterprète dans un registre symboliste, c'est-à-dire en insistant sur la fatalité et la malédiction qui pèsent sur les personnages. Criblé de dettes, il doit aussi faire de nombreuses tournées à l'étranger.

En 1896, le Théâtre-Libre ayant fermé ses portes, le théâtre de l'Œuvre reste finalement le seul théâtre expérimental. Alfred Jarry est alors le secrétaire-régisseur de Lugné-Poe et réussit à lui faire accepter de monter *Ubu Roi*.

Dans la première mise en scène, tout est fait pour mélanger les tics naturalistes (une cheminée bourgeoise au fond de la scène, mais qui s'ouvre comme une porte...) et symbolistes (le lit, orné d'un pot de chambre, est dessiné par Bonnard...) d'une manière qui les ridiculise. Lugné-Poe accentue et fait apparaître le côté factice du théâtre. Il figure, par exemple, le décor et les changements de lieux par des pancartes (parfois accrochées à l'envers) tenues et changées par un vieillard à barbe blanche. L'ensemble provoque une tempête de sifflets et de protestations et donne une sorte de conclusion à l'aventure du théâtre symboliste.

Après *Ubu Roi*, Lugné-Poe produit peu d'œuvres, en tout cas aucune qui compte vraiment, si ce n'est *L'Annonce faite à Marie* de Paul Claudel en 1912.

D'*Ubu Roi* à la 'pataphysique...

Ubu Roi est à l'origine d'une double tradition, littéraire et théâtrale, qui se développe après la disparition d'Alfred Jarry.

La tradition littéraire se poursuit dans la continuité de la 'pataphysique, « science » nouvelle dont l'apostrophe initial indique l'étymologie grecque du terme inventé par Jarry et signifie « en plus de la métaphysique ». Dans *Guignol,* texte de 1893, Jarry en attribue la paternité à Ubu – ce que le personnage lui-même revendique à l'acte I d'*Ubu cocu* : « *La 'pataphysique est une science que nous avons inventée et dont le besoin se faisait généralement sentir.* »

Jarry évoque souvent cette « science », en particulier dans les *Gestes et Opinions du docteur Faustroll, pataphysicien*, œuvre dont le second livre s'intitule « Éléments de 'pataphysique ». Jarry y donne une définition très amphigourique* de la 'pataphysique, mais dont on peut cependant retenir qu'elle est une « *science du particulier* ». La science s'intéressant aux lois générales, il y a dans ces propos une grande part de jeu et de mystification qui n'a pas échappé aux successeurs de Jarry qui créent le Collège de 'Pataphysique en 1948 et parmi lesquels on rencontre Raymond Queneau, Boris Vian, Jacques Prévert, Eugène Ionesco, ainsi que les peintres Max Ernst et Joan Miró, pour ne citer que les plus célèbres.

Si le Collège de 'Pataphysique publie une très sérieuse revue consacrée à Alfred Jarry et son œuvre, il est aussi le vivier de courants littéraires comme l'Oulipo* (Ouvroir de littérature potentielle) qui voit dans la littérature un jeu sur les mots et la langue, une invention continuelle de formes.

... et au théâtre de l'absurde*

La tradition théâtrale initiée par *Ubu Roi* prend racine, quant à elle, dans le caractère particulier du Père Ubu et dans la contestation des formes théâtrales classiques, le renouveau des formes et des personnages initiés par Jarry dans sa pièce.

L'influence de Jarry est déjà sensible dans la pièce *Les Mamelles de Tirésias* qu'Apollinaire donne en 1903. Écrite en 1905 et montée au théâtre de l'Œuvre en 1909, la pièce *Le Roi Bombance* de l'Italien Filipo Tommaso Marinetti, initiateur du mouvement littéraire du futurisme, reprend et amplifie le caractère d'Ubu mais dans une vision symboliste allégorique* où

Le courant littéraire

chaque personnage représente une entité sociale (la monarchie, l'Église, etc.). Enfin, dans la pièce d'Antonin Artaud *Les Censi*, jouée en 1935, le personnage du Comte évoque, de par sa cruauté et son ignominie, celui d'Ubu.

L'influence de ce personnage sur la littérature moderne ne se limite pas à ces reprises. Tristan Tzara, chef de file du mouvement Dada, lui rend hommage et André Breton classe Jarry parmi les précurseurs du surréalisme. Au-delà de ces hommages, on s'aperçoit avec le recul que la pièce est en quelque sorte l'acte de naissance du « théâtre de l'absurde* », qui n'éclora vraiment qu'une cinquantaine d'années plus tard. Ce sera, d'une part, dès les années 1940, le théâtre engagé de Jean-Paul Sartre (*Huis clos*, 1944) et d'Albert Camus (*Caligula*, 1944), qui interroge sur le caractère absurde de la condition humaine, et ensuite, dans les années 1950, le « nouveau théâtre », avec notamment Eugène Ionesco (*La Cantatrice chauve*, 1950) et Samuel Beckett (*En attendant Godot*, 1952). Le premier crée un théâtre fondé sur la représentation de situations incohérentes, tandis que le second invente la dramaturgie minimaliste d'un humanisme déchu et désolé. Leurs œuvres, indissociables du traumatisme engendré par les deux guerres mondiales et du climat d'après-guerre, s'inscrivent dans la continuité de la création d'*Ubu Roi*.

* *Cf.* Lexique.

Mises en scène

Ubu a survécu à la mort de son créateur. Dans un premier temps, ceux qui ont connu Alfred Jarry ont eu à cœur de faire vivre le personnage.

Les contemporains de Jarry

Ambroise Vollard
Aujourd'hui célèbre pour avoir été le galeriste de Picasso et des cubistes, Ambroise Vollard (1868-1939) a connu Jarry à la fin de sa vie et a repris à son compte le cycle ubique, écrivant tour à tour *La Politique coloniale du Père Ubu*, *Le Père Ubu à l'hôpital*, *Le Père Ubu à la guerre*, *Le Père Ubu à l'aviation* ou encore *Les Réincarnations du Père Ubu*.

Firmin Gémier
En 1908, Firmin Gémier, qui interprétait déjà Ubu lors de la première représentation, monte de nouveau la pièce avec Lugné-Poe, au théâtre Antoine, en hommage à Jarry, mort l'année précédente. C'est une représentation sage et calme. Le scandale de la création d'*Ubu Roi* fait désormais partie de l'histoire pittoresque du théâtre et donne simplement du charme à l'œuvre qui, malgré sa notoriété, est de moins en moins représentée dans les années qui suivent.

Du philosophe Alain aux surréalistes
Ubu, dira le philosophe Alain, « *est vivant à la manière des contes. On peut essayer de les comprendre, mais il faut surtout les accepter* ». Les surréalistes sont, eux, très intéressés par le personnage et organisent même en 1929 une « fête Ubu » costumée. Néanmoins, le théâtre est à leurs yeux un art bour-

Mises en scène

geois qu'ils refusent. Seuls, parmi eux, Antonin Artaud et Roger Vitrac tenteront l'expérience d'un théâtre surréaliste, mais, bien qu'ayant nommé leur troupe « le théâtre Alfred-Jarry », ils ne représenteront aucune des pièces de Jarry.

AU T.N.P.

Jean Vilar

Il faut attendre 1958 pour qu'*Ubu Roi* soit redécouvert sur scène, grâce à Jean Vilar, fondateur du Festival d'Avignon et directeur du Théâtre national populaire (le T.N.P., fondé par l'État en 1920 et dirigé par Firmin Gémier jusqu'en 1933). Dans son adaptation, Vilar enchaîne *Ubu Roi*, *Ubu enchaîné* et *Ubu cocu*. Il insiste, dans sa mise en scène, sur le côté satirique* et demande à ses acteurs de ne pas cabotiner : « *Presque tous les personnages doivent être joués avec sérieux ; sinon, la satire* sera sans humour.* » Seul importe pour lui le rythme, qui doit être « *aisé, vif, sans interruption* ». Quant au couple Ubu, il doit apparaître, au moins symboliquement, comme un couple de géants entouré par des nains. Georges Wilson, qui campe de la façon la plus inexpressive possible le Père Ubu, a un nez pointu, un tour de taille énorme, un petit chapeau vert et une grande spirale sur le ventre. Jean Vilar est ainsi le premier à avoir songé à donner à l'acteur la silhouette que l'on peut voir sur les dessins de Jarry. Le spectacle remportera un grand succès, aussi bien public que critique.

Georges Wilson et Antoine Vitez

Ceux qui dirigeront le T.N.P. à la suite de Jean Vilar se feront fort de proposer à leur tour une version d'*Ubu Roi*. En 1974, Georges Wilson, passé à la mise en scène, en fait avec le compositeur Antoine Duhamel une adaptation musicale intitulée *Ubu à*

* *Cf. Lexique.*

**Rosy Varte (Mère Ubu) et Georges Wilson (Père Ubu)
dans la mise en scène de Jean Vilar (1958).**

l'opéra (jazz et musique improvisée de Hongrie et d'ailleurs). En 1985, Antoine Vitez insiste sur le côté infantile de la pièce, aussi bien dans sa construction que dans son intrigue ou dans les caractères de ses personnages. Il demande aux acteurs d'agir à la manière de gamins qui joueraient à *Ubu Roi* dans un appartement, détournant de leur fonction meubles et objets, comme font les enfants qui transforment une table en cabane et un bâton en pistolet.

À la télévision

La réalisation qui donne au personnage et à la pièce sa notoriété auprès du grand public reste cependant celle de Jean-Christophe Averty, en 1965. *Ubu Roi* est alors revisité non pas sur les planches mais pour le petit écran. La proposition d'Averty est, encore aujourd'hui, innovante, enthousiasmante et déroutante. Il ne s'agit pas de théâtre filmé mais d'une véritable création audiovisuelle où Jean-Christophe Averty, sans changer une ligne du texte mais jouant sur la liberté donnée par les trucages, pousse à son paroxysme la déréalisation voulue par Alfred Jarry lorsqu'il remplaçait les décors par des écriteaux. L'espace n'a pas de profondeur et les personnages n'ont pas d'échelle, changeant de taille en fonction des rapports de force. Les images sont démultipliées ou recomposées. Des bruitages incongrus soulignent l'action ou la parasitent. La spirale qui orne le ventre d'Ubu devient cible ou bouclier, ou encore tourne sur elle-même... À la suite d'*Ubu Roi*, Jean-Christophe Averty réalisera toutes les autres pièces du cycle ubique.

Mises en scène

Adaptations théâtrales mémorables

À partir de cette date, les mises en scène ou les adaptations d'*Ubu Roi* se font de plus en plus nombreuses et il n'est pas aujourd'hui de saison théâtrale sans son *Ubu*. Nous n'en retiendrons que quelques-unes, parmi les plus mémorables...

Jean-Louis Barrault

En 1970, Jean-Louis Barrault (1910-1994) monte à l'Élysée-Montmartre un *Jarry sur la butte* qui mêle des passages de toute l'œuvre de Jarry, et pas seulement le cycle d'Ubu. « *Jarry m'intéresse par rapport à notre époque, par rapport à notre vie quotidienne, parce qu'il montre à la fois la grandeur et les misères de notre vie quotidienne, la grandeur et les misères de l'intelligence.* »

Peter Brook

En 1978, Peter Brook, qui défend la thèse d'un « théâtre brut », représente à la suite *Ubu Roi* et *Ubu enchaîné* aux Bouffes du Nord sous le titre *Ubu aux Bouffes*. C'est en effet le théâtre qui est central dans son montage. La scène est mise à nu et seuls les éléments du théâtre lui-même servent d'accessoires ou de décors : ainsi, ce sont les trappes mêmes du théâtre qui engloutissent les nobles.

Emmanuel Genvrin

En 1979, à Saint-Denis de la Réunion, Emmanuel Genvrin s'approprie la pièce : « *J'ai tropicalisé* Ubu Roi *avec des masques et des francs C.F.A. et j'ai réécrit le dernier acte.* » Dans sa version, après être chassé de Pologne, Ubu se réfugie à la Réunion, « *l'île où les masques règnent* ». Emmanuel Genvrin ira plus loin en 1994, avec *Votez Ubu colonial*, où l'insolent dictateur Ubu lui permet de renouer avec un théâtre politique.

Mises en scène

Le Nada Théâtre

En 1989, le Nada Théâtre, revenant aux origines (les marionnettes), propose l'une des adaptations les plus inventives d'*Ubu Roi*, en mêlant des passages des diverses pièces ubiques. Le couple Ubu est « *le symbole même de la prise de pouvoir à seule fin de détruire tout ce qui vit, ce qui respire et surtout ce qui est beau* ». Le Père et la Mère Ubu sont interprétés par des comédiens attablés à un banquet dont les autres personnages sont issus : ainsi le roi est-il une grappe de raisin, tandis qu'un chou rouge représente un conspirateur, manipulé au sens propre et au sens figuré par Ubu et sa moitié.

Roland Topor

En 1992, au palais de Chaillot, Roland Topor propose sa version d'*Ubu Roi*, avec, à l'inverse de presque tous ceux qui l'ont précédé, l'idée que cette pièce « *n'est pas une pièce morale* » : « *C'est une pièce énergique, saine et joyeuse* », dont la caractéristique est « *une espèce de jubilation, une faculté de créer de l'énergie* ».

Bernard Sobel

En 2001, enfin, Bernard Sobel monte pour le Festival d'Avignon un *Ubu Roi* échevelé où Denis Lavant, dans le rôle-titre, évolue dans une scénographie complexe : d'une gigantesque main sortent les personnages et y disparaissent. Pour le metteur en scène, le scandale d'*Ubu Roi* aujourd'hui est que « *la réalité, tout autour de nous, a dépassé la fiction et, plus encore, que l'intolérable de cette réalité soit devenu tolérable* ».

Lexique d'analyse littéraire

Absurde (Théâtre de l'–) Expression inventée en 1961 par Martin Esslin, qui, à partir de l'analyse de textes philosophiques et théâtraux d'Albert Camus traitant de l'absurdité de l'être, regroupe les dramaturges ayant, selon lui, des préoccupations du même ordre : Eugène Ionesco, Samuel Beckett, Jean Genet ou Arthur Adamov.

Allégorie, allégorique Représentation d'une idée abstraite par une image concrète (la statue de la Liberté, par exemple).

Amphigourique Se dit d'un écrit confus et obscur.

Barbon Vieillard têtu et désagréable ; caractère typique du théâtre de Molière.

Burlesque Parodie de l'épopée ; comique exagéré et déroutant.

Comédie Pièce comique mettant en scène des personnages ordinaires, respectant les règles de la vraisemblance et de la bienséance et se terminant par une fin heureuse.

Comique Est comique ce qui appartient à la comédie et, par extension, ce qui prête à rire.

Commedia dell'arte Terme italien désignant un genre de théâtre comique où les comédiens, masqués, improvisent sur la base d'un canevas préétabli et de personnages déterminés et obligatoires : Arlequin, valet comique ; Pantalon, vieux barbon amoureux d'une jeune fille ; Matamore, soldat fanfaron ; ou Colombine, la jeune fille.

Drame Genre théâtral qui mélange les registres comique et tragique ; le drame romantique est généralement à sujet historique ; le drame bourgeois, théorisé par Denis Diderot au XVIIIe siècle, met en scène des personnages ordinaires et contemporains.

Grotesque D'un comique exagéré et ridicule.

Mélodrame Pièce dans laquelle on exagère la représentation de bons sentiments.

Néologisme Mot nouveau, soit créé par l'auteur, soit forgé par déformation d'un mot existant.

Oulipo Acronyme d'OUvroir de LIttérature POtentielle ; mouvement fondé en 1960 par l'écrivain Raymond Queneau (1903-1976) et le mathématicien François Le Lionnais (1901-1984), qui réfléchit à une littérature essentiellement basée sur la contrainte et un usage ludique de la langue. *Exercices de style* (1947) de Raymond Queneau, qui raconte de 99 manières différentes la même histoire, ou *La Disparition* (1969) de Georges Perec (1936-1982), livre où n'apparaît dans aucun mot la lettre e, sont écrits dans cet esprit.

Parnasse, parnassien Mouvement littéraire de la fin du XIXe siècle qui prône un retour à la beauté antique et qui se réclame de « *l'art pour l'art* ».

Lexique d'analyse littéraire

Parodie, parodique Imitation du style d'un auteur de manière à ce qu'on puisse reconnaître l'original.

Pathétique Qui émeut fortement et provoque douleur, pitié, tristesse ou horreur.

Polémique Registre qui caractérise un discours critique attaquant et dénonçant vivement la thèse adverse.

Positivisme Mouvement intellectuel qui consiste à ne juger qu'en vertu des indications de la science et de la raison et à refuser toute autre indication.

Satire Genre fondé sur le mélange des registres et des sujets et dont l'objet est de critiquer les mœurs contemporaines en s'en moquant.

Satirique Registre littéraire qui caractérise un discours critique s'appuyant sur l'humour et cherchant à ridiculiser ce qu'il critique.

Vaudeville Chanson satirique intégrée dans une pièce au XVIIe siècle, le terme désigne ensuite la pièce elle-même, puis un genre théâtral comique (comédie bourgeoise du XIXe siècle) dont l'intrigue est fondée sur un adultère et l'action fertile en rebondissements. Eugène Labiche (1815-1888) et Georges Feydeau (1862-1921) sont des auteurs de vaudevilles.

Bibliographie, sites Internet

Bibliographie

Édition
– *Ubu* (*Ubu Roi, Ubu cocu, Ubu enchaîné, Ubu sur la butte*), édition établie et présentée par Noël Arnaud et Henri Bordillon, coll. « Folio Classique », n° 980, Gallimard, 1978.

Jarry et son œuvre
– François Caradec, *À la recherche d'Alfred Jarry*, Seghers, 1974.
– Patrick Besnier, *Alfred Jarry*, coll. « Biographies », Fayard, 2005.

À lire autour d'*Ubu Roi*
– Guillaume Apollinaire, *Les Mamelles de Tirésias,* 1917.
– Maurice Maeterlinck, *Pelléas et Mélisande,* 1892.
– Edmond Rostand, *Cyrano de Bergerac*, 1897.
– William Shakespeare, *Macbeth*, 1605.
– *La Farce de Maître Pathelin*, xve siècle.
– *Les Poètes du Chat Noir,* anthologie présentée par André Velter, coll. « Poésie », n° 302, Gallimard, 1996.

Ouvrages critiques
– Henri Béhar, *Jarry : le monstre et la marionnette*, coll. « Thèmes et Textes », Larousse, 1973.
– Henri Béhar, *Jarry dramaturge,* Nizet, 1980.
– Gérard Damerval, *« Ubu Roi » : la bombe comique de 1896*, Nizet, 1984.
– Aurélie Gendrat, *Ubu Roi*, coll. « Connaissance d'une œuvre », n° 52, Bréal, 1999.

Bibliographie, sites Internet

Ouvrages généraux sur le théâtre
– Martine David, *Le Théâtre*, Belin, 1995.
– André Degaine, *Histoire du théâtre dessinée,* Nizet, 1992.

Sites Internet
– http://fr.wikipedia.org/wiki/Alfred_Jarry
– http://michel.balmont.free.fr/pedago/uburoi/biojarry.html

Imprimé en Italie par

LTV

LA TIPOGRAFICA VARESE
Società per Azioni
Italie
Dépôt légal : avril 2007
Edition : 01
16/9450/4

Dans la même collection :

Anthologie et collectif
　L'apologue (12)
　Le biographique (24)
　Nouvelles naturalistes
　des *Soirées de Médan* [Zola,
　Maupassant, Huysmans] (40)

BALZAC
　La Peau de chagrin (26)

BAUDELAIRE
　Les Fleurs du Mal (10)

BEAUMARCHAIS
　Le Barbier de Séville (17)
　Le Mariage de Figaro (5)

CHATEAUBRIAND
　Atala-René (42)

CORNEILLE
　Le Cid (36)
　L'Illusion comique (19)

DUMAS
　Les Mille et Un Fantômes (32)

FLAUBERT
　Trois Contes (20)

GAUTIER
　Contes et Récit fantastiques (43)

HUGO
　Claude Gueux (38)
　Le Dernier Jour d'un
　condamné (31)
　Hernani (44)
　Les Misérables (28)
　Ruy Blas (6)

JARRY
　Ubu Roi (45)

LA BRUYÈRE
　Les Caractères (29)

MARIVAUX
　La Double Inconstance (46)
　L'Île des esclaves (13)
　Le Jeu de l'amour
　et du hasard (16)

MAUPASSANT
　Bel-Ami (47)
　Contes (34)
　Pierre et Jean (11)

MOLIÈRE
　Dom Juan (2)
　Les Femmes savantes (33)
　Le Misanthrope (27)
　Les Précieuses ridicules (30)
　Le Tartuffe (4)

MONTAIGNE
　Essais (22)

MUSSET
　Les Caprices de Marianne (41)
　Lorenzaccio (23)
　On ne badine pas
　avec l'amour (14)

RABELAIS
　Pantagruel-Gargantua (7)

RACINE
　Andromaque (35)
　Bérénice (15)
　Britannicus (18)
　Phèdre (8)

RADIGUET
　Le Diable au corps (21)

RIMBAUD
　Une saison en enfer
　et autres poèmes (37)

ROUSSEAU
　Les Confessions, livres I à IV (3)

SHAKESPEARE
　Hamlet (9)

VOLTAIRE
　Candide ou l'Optimisme (1)
　L'Ingénu (39)
　Zadig ou la Destinée (25)